그대가 얻고 싶은 것을 가졌거든 그것을 얻기에 바친 노력만큼 그대도 노력하라.

이 세상 모든 물건은 대가 없이 얻을 수 없는 일이다.

남이 노력해서 얻은 것을 그대는 어찌 팔짱을 끼고 바라보고 있는가?

힐티

대개 행복하게 지내는 사람은 노력가이다.
게으름뱅이가 행복하게 사는 것을 보았는가! 노력의 결과로써 오는
어떤 성과의 기쁨 없이는 누구도 참된 행복을 누릴 수 없기 때문이다.
수확의 기쁨은 그 흘린 땀에 정비례하는 것이다.
블레이크

발상의 회로

발상의 회로

펴낸날 2024년 2월 28일 1판 1쇄

지은이 나카가와 료
옮긴이 한세희
펴낸이 이종일 강유균
편집위원 이라야 남은영
기획·홍보 김아름 김혜림
교정·교열 이교숙 정아영 나지원
경영지원 이안순
디자인 바이텍스트
마케팅 신용천

출판브랜드 지니의서재
주소 경기도 고양시 덕양구 청초로 66 덕은리버워크지산 B동 2007호~2009호
전화 (02)719-1424
팩스 (02)719-1404
이메일 genie3261@naver.com
홈페이지 www.readlead.kr
펴낸곳 리드리드출판(주)
출판등록 1978년 5월 15일(제 13-19호)

ISBN 979-11-986215-0-4 (03320)

* 지니의서재는 리드리드출판(주)의 출판브랜드입니다.
* 파본은 구입한 서점에서 교환해 드립니다.
* 책값은 뒤표지에 있습니다.

발상의 회로

나카가와 료 지음 · 한세희 옮김

Circuit of ideas

4K Thinking Map to Create Ideas

아이디어는 센스가 아니라 공식이다

10 formulas that add interest to an idea

"아이디어가 '찰나의 번뜩임'이라는 헛소리는 집어치워라!"

★★★
국제 광고상 부문
1위 수상작가

끌리는 아이디어, 기획에 필요한 발상의 회로를 만든다

세계 최고 권위 칸 광고제 우승자의 크리에이티브 비법

지니의서재

prologue

기획의 프로가 되는 지름길이 있다

"아이디어가 떠오르지 않아."

"기획안이 통과되지 않아."

"열심히 해도 성과가 나지 않아."

이런 고민에 사로잡힌 적 있는가?

'콘텐츠 기획', '상품 기획', '사업 기획', '광고 기획' 등 '기획' 업무는 많은 회사에서 꼭 필요한 능력이다. 그런데 어느 학교에서도 '기획'을 가르치지 않는다. 디자인이나 미술은 학교에서 배울 수 있지만, 기획은 배울 수 없다. 그런데도 **사회에 나와 기획 부서에 배속되면 곧바로 기획의 프로가 되어야 한다.**

기획 업무에는 독특한 편견이 있다. 아이디어와 창의력에 따라

좌우되는 것이라 '체계적으로 가르칠 수 없는 것'으로 본다는 것이다. 그러나 10년 이상 기획 일을 하면서 깨달은 것이 있다. 아이디어나 기획을 짤 때 누구에게나 나름의 '발상의 회로'가 있는데, 그 회로가 단단하게 잘 잡혀있으면 아이디어나 기획은 자연스럽게 떠오른다는 사실이다.

기획은 개인의 능력에 달린 부분이지만 그것을 생각해 내는 '발상의 회로'는 체계화할 수 있다. 당신만의 독창적인 회로를 범용적으로 사용할 수 있도록 정립해 두면 언제 어디서든 새로운 아이디어와 기획을 제시할 수 있다.

나는 초대졸初大卒로 광고 회사에 입사했다. 하지만 회사에서 치른 '크리에이티브 테스트'를 통과하지 못해 크리에이티브 업무를 맡지 못했다. 너무나 해보고 싶은 업무였기에 그때부터 아이디어와 관련된 책이라면 무조건 닥치는 대로 읽기 시작했다. 그리고 한 가지를 깨달았다. 엄청난 것은 아니고 "책을 쓴 그 사람들이 대단하다."라는 사실이다. 책을 통해 그들이 상품을 만들 때 어떤 시점에서 무엇을 중요하게 생각하는지 알게 되었다.

하지만 크리에이티브 부서에 가지 못한 내가 그런 책을 읽는다고 스스로 무엇을 할 수 있을지, 그들처럼 될 수 있을지 막막했다. 그러다 보니 아무리 아이디어에 관한 책을 읽어도 구체적으로 어떻게 활용해야 할지 몰랐다. 그럼에도 사람의 마음을 움직이는 기획을 만들 수 있을지 생각하고 혼자 시험해 보곤 했다.

그렇게 7년을 보냈다. 그사이 '아이디어'나 '기획'에서 결과를 내려면 자기 감각에만 의존해서 무턱대고 노력하기보다, 먼저 대회나 업계에서 인정받은 뛰어난 아이디어를 검증하는 '회로'를 만들어야 한다는 것을 깨달았다. 이를 실제 아이디어와 기획에 적용하자 나의 커리어는 몰라보게 달라지기 시작했다.

재능이 없고 평범해 보였던 내가 나만의 '회로'를 만든 그다음 해, 카피라이터 등용문이라 불리는 TCC TOKYO COPYWRITERS CLUB(도쿄 카피라이터스 클럽) 신인상을 받았다. 또 아시아 최대급 국제 광고상 신인 부문에서 세계 1위를 차지했다.

그리고 너무나 가고 싶었던 크리에이티브 부서로 이동하였고

많은 기업의 광고를 기획 제작할 기회도 생겼다. 또한 Google 크리에이티브 디렉터로 진출하여 시드니와 싱가포르에서 일하게 되었다. 현재는 컨설팅 회사인 액센츄어accenture로 이직하여 새로운 영역에서 창조성을 발휘하고 있다. 이 밖에도 책을 쓰고 잡지에 연재하는 등 광고 외의 영역에서도 활발히 활동하고 있다.

이 책은 나의 경험과 업무상 만난 수많은 크리에이티브의 생각이나 기술을 참고하여 누구나 따라 할 수 있는 '사고 기술'을 체계적으로 정리한 것이다. '발상력'을 발휘하기 위해 어떻게 아이디어를 냈으며 기획을 세웠는지 순서대로 설명했다. 또한 광고 업계뿐 아니라 다양한 상품과 사업 개발 아이디어나 기획이 필요한 사람이라면 직접 업무에 응용하여 성과를 낼 수 있게 도왔다.

발상이란 아이디어나 기획을 생각하는 것이다. 발상이 좋다는 말은 떠오른 아이디어와 기획의 수가 많고 질적으로도 좋은 상태를 말한다.

아이디어는 눈앞의 문제를 대상으로 '연구'하여 탄생한다. 그러므로 하나의 생각만으로도 충분하다. 성실하게 연구하면 아이디어를 무궁무진하게 떠올릴 수 있다. 이 중요한 아이디어를 누구나 떠올릴 수 있도록 네 가지로 분류해 프레임워크화해서 정리했다.

기획은 '합의 형성'이다. 자신의 기획이 좋은 평가를 받으려면 남들이 무엇을 '재미'있다고 하는지 알아야 한다. 다른 사람이 재미있다고 느끼는 부분을 재현하기 위한 기술이 바로 '발상의 회로'이다.

아이디어 전구는 회로가 없으면 켜지지 않는다. 불이 켜지지 않은 아이디어는 기획으로 이어지지 못한다. 나는 이 사실을 깨닫기까지 꽤 오랜 시간이 걸렸다.

"아이디어는 좋은데 기획은 별로다."

이 말을 들은 경험이 있다면 이 책을 읽고 '발상의 회로'를 익히자. 상대를 매료시키는 기획을 세울 수 있을 것이다. 뛰어난 기획을 계속하는 사람은 '성실히 연구하는 사람'이다. 연구는 지금

까지 당연하다고 여긴 고정적 사고를 의심하는 것이다. 즉, 당연한 사실을 다른 방법으로 다른 각도에서 시도하는 것이다.

재능이나 노력 이전에 '연구'가 중요하다. 아무리 뛰어난 재능도 그 재능을 어떻게 사용할 것인지 연구하지 않으면 아이디어 전구에 불을 켜지 못한다. 마찬가지로 성실한 연구 없이 노력만으로는 목표에 가까이 갈 수 없다. 허무한 노력으로 끝난다.

연구에는 미래를 바꾸는 힘이 있다. 지금까지 하던 방법을 바꾸지 않는다면 뻔한 미래를 맞는다. 그러나 연구하면 자신이 상상할 수 없는 미래로 갈 수 있다. 아주 소소한 연구에도 나의 미래를 바꿀 가능성은 숨어 있다.

인생을 어떻게 연구하면 좋을지도 가능한 한 구체적인 예를 들면서 썼다. 여러 사람과 인연을 맺으며 일하고 싶은 사람, 더 나아가 자기 인생을 좋은 쪽으로 바꾸는 연구 방법을 알고 싶은 분들에게 이 책을 바치고 싶다.

나카가와 료

차례

3장 기획을 위한 발상은 다르다

4장 발상의 회로를 만들어라

5장 발상 체질로 전환하는 공식

사람은 모든 길을 갈 수는 없다. 성공은 한 분야에서 얻어야 하며,
우리 직업은 오직 하나의 인생 목표로 삼아야 하며, 다른 모든 것은
이것에 종속되어야 한다. 나는 일을 어중간하게 하는 것을 싫어한다.
그것이 옳으면 대담하게 해라. 그것이 그르면 하지 말고 버려라.
이상을 가지고 산다는 것은 성공적인 삶이다. 사람을 강하게 만드는 것은
사람이 하는 일이 아니라, 하고자 노력하는 것이다.

헤밍웨이

남다른 아이디어의 출발

1장

아이디어는
찰나에 반짝이지 않는다

'어떻게 하면 저런 아이디어가 나올까?'

'저 사람 발상력은 어쩜 저렇게 좋을까?'

세상에 뛰어난 아이디어나 기획을 볼 때마다 우리 같은 사람은 기가 죽는다. 그러고는 보이지 않는 틀에 갇혀버린 사고, 평범하기만 한 창의력을 탓한다.

'나는 왜 저런 아이디어가 떠오르지 않는 걸까?'

'내 아이디어는 새롭지 않아. 낡았어.'

그러면서 자신을 합리화하는 변명만 늘어놓는다.

'저 사람은 재능있는 사람이야. 나랑은 달라.'
'저 사람은 엄청난 노력가야. 내가 따라갈 수가 없어.'

내가 바로 그런 사람이었다.

나는 '발상력 좋은 사람이 되고 싶다.'라는 생각에 15년 이상 집착했다. 그리고 끊임없이 나를 괴롭히며 발상력의 근원을 찾아 다녔다.

나는 대학에서 닛산日産의 Be-1이나 PAO, 올림푸스OLYMPUS의 O·product의 담당 콘셉터Concepter인 사카이 나오키坂井直樹에게 프로덕트와 콘셉트 디자인을 배웠다. 그 후, 광고 회사인 덴쓰電通에 초대졸로 입사해 크리에이티브 디렉터Creative Director, CD와 카피라이터로 기업이나 단체의 커뮤니케이션을 기획하고 제작하는 일을 맡았다.

이러한 내 경력만 보면 나는 '발상이 좋은 사람'처럼 보일지 모른다. 그러나 나는 스스로 그렇게 인정할 수 없다. 신입사원 때는 기획하는 크리에이티브 부서에 배정받지 못했기 때문이다. '크리에이티브 테스트'에 합격하고 카피라이터 명함이 생긴 건 입사하고 8년이 지난해이다.

그런데 이제는 내가 참여했던 기획 회의를 다 합치면 약 1,000건이 넘는다. 거기에 내가 올린 기획은 1만 건이 넘을 것이다. 그렇게 10년 이상 광고와 콘텐츠 기획 현장을 직접 보고 겪었다. 그리고 하나의 결론을 얻었다.

"아이디어는 찰나의 번뜩임이 아니라 성실한 연구에서 탄생한다."

아이디어가 떠오르지 않는다고 말하는 사람의 큰 착각 중 하나는 '번쩍'하는 아이디어를 기다리는 것이다. 안타깝게도 아이디어 전구는 갑자기 켜지지 않는다. 예산, 시간, 인적 자원의 제약 등 다양한 문제를 극복하고 노력했을 때 비로소 불이 들어온다. 만화나 애니메이션처럼 아이디어 전구가 갑자기 켜지는 찰나를 기다려서는 안 된다.

POINT

1. 아이디어 전구는 갑자기 켜지지 않는다.
2. 문제를 극복하려고 노력할 때, 비로소 아이디어가 탄생한다.

아이디어의 출발은 성실함이다

아이디어는 찰나의 번뜩임이 아니라 성실한 연구에서 탄생한다. 그 **연구의 출발점은 '어려운 상황'**이다. 어려운 상황일수록 그 상황에서 벗어나기 위한 노력이 필요하다.

일본을 대표하는 제품도 처음에는 소소한 연구에서 시작됐다. 전동기 장착 모빌리티로 1억 대가 넘는 전 세계 최고의 생산 대수 기록을 세운 혼다의 '슈퍼 커브'를 보자. 이 제품의 발명은 혼다의 창업자인 혼다 소이치로本田宗一郎가 자전거 뒤에 무거운 짐을 싣고 힘들게 달리는 아내의 모습에서 창안한 아이디어다. 전쟁이 끝나고 쓸모없어져 많이 남아돌던 육군의 무선용 엔진을 보조 동력으로 자전거에 장착하면 편하게 탈 수 있겠다며 시작한 연구 끝에 탄생했다.

또한 전 세계 1억 대가 넘는 판매를 기록한 가정용 게임기 닌텐도 Wii도 있다. 다마키 신이치로玉樹真一郎의 저서 《콘셉트를 잡아라》를 보면 비디오 게임이 가정 내에서 골칫덩이로 취급받은 게 제품 개발의 출발점이었다. 그런데 골칫덩이가 된 이유는 가족 중 누구 한 명이 비디오 게임을 하면 거실 텔레비전을 독차지해 가족 간의 단절을 초래했기 때문이다. 그는 이 점을 보완하기 위해 개발팀에 '함께 둘러앉아서 하는 게임'이라는 콘셉트를 만들도록 했다. 가족이 함께 모여 나베(냄비 요리)를 먹듯이 누구나 참여할 수 있는 게임이나 세계관을 만들고자 연구했고 이것이 Wii의 큰 성공을 이끈 비결이었다.

혼다의 커브나 닌텐도의 Wii는 일본을 넘어 전 세계에서 사랑받는 제품이다. 이렇게 완벽하게 성공한 아이디어는 누구도 도저히 따라갈 수 없는 경지에 있는 것 같다. 하지만 이 아이디어의 시작은 소소한 일상에서 출발했다. 하나의 문제점을 발견하고 이 문제를 어떻게 바꿀까 연구한 것이다. 이 아이디어가 '일상'에서 발견된 것이라니 조금은 용기가 생기지 않는가?

어려운 상황에서 좋은 아이디가 탄생한다. 나처럼 남들도 똑같은 고민에 빠져있을 가능성이 크기 때문이다. **나의 고민은 누군**

가의 고민이다. 따라서 고민을 해결하려고 돋보기를 들이대면 문제 해결을 위한 훌륭한 아이디어가 떠오른다.

"아이디어를 내주세요."라는 말을 들으면 어디서부터 어떻게 생각할지 고민스럽다. 하지만 **"어떻게 하면 매일 조금씩 발전할 수 있을까요?"라는 질문에는 좋은 아이디어가 나올 수 있다.**

우리가 직면한 고민을 해결하기 위해 소소한 것도 '어떻게 바꿀까?' 고민해 보는 것, 성실하게 연구하는 것이 중요하다. 이제 아이디어를 만드는 일이 쉽게 느껴지지 않는가?

그렇게 느껴진다면 이제 발상을 위한 출발선에 선 것이다.

POINT

1. 연구의 출발점은 '어려운 상황'
2. 나의 고민은 누군가의 고민

기획의
숨은 열쇠를 찾아라

기획의 기초가 되는 다섯 가지 프로세스가 있다.

1) 아마추어적인 생각

첫 번째 **'아마추어적인 생각'**은 "기획해 주세요."라는 요구에 정보를 조사하고 수집하는 것으로 시작한다. 정보를 조사하다 보면 그 업계나 상품에 대해 자세히 알 수 있다. 나는 작업을 하기 전에 **'아마추어인 내 생각을 써두는 날'**을 반드시 하루 정도 가진다. 왜냐하면 **아마추어인 내가 진짜 소비자에 가깝기** 때문이다.

넷플릭스를 보면 젊은 패션 디자이너가 25만 달러의 지원금을 걸고 싸우는 《넥스트 인 패션》 프로그램이 있다. 심사위원으로 등장한 타미 힐피거[Tommy Hilfiger]는 젊은 디자이너들에게 "Your first

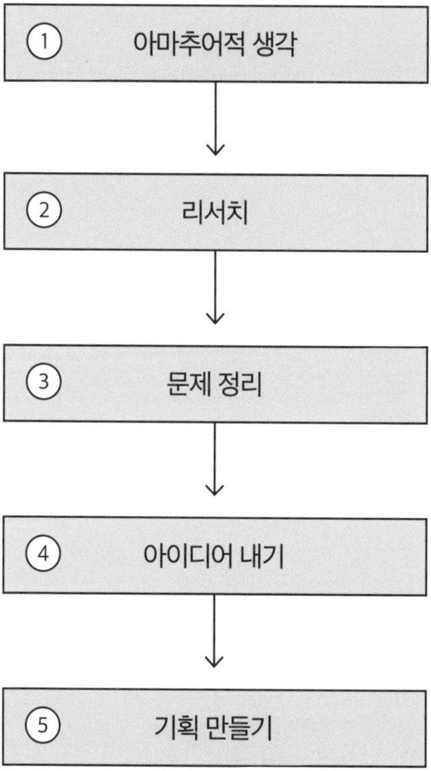

[그림 1] 기획 프로세스

idea is your best idea(당신이 처음 생각한 아이디어가 당신의 가장 좋은 아이디어다)."라고 조언한다.

기획 업무를 하다 보면 '기획을 발언하는 쪽', 즉 기획자의 시점으로 사물을 보게 된다. 그럴 때 의뢰받은 업계나 상품을 기획자의 자세로 파악하기 전에 '소비자의 시점'으로 보는 시간이 꼭 필요하다.

2) 리서치

두 번째 **'리서치'**는 다양한 플랫폼에서 검색하는 것이다. 인터넷으로 조사하면, 지금 알아보고 있는 그 상품이나 브랜드를 세상 사람들이 어떻게 생각하는지 알 수 있다. 구글은 물론, 트위터나 인스타그램의 해시태그도 훑어봐야 한다. 하지만 실제 소비자의 의견을 볼 수 있는 곳은 유튜브 댓글이다. 콘텐츠를 보며 실시간으로 반응하기에 생생한 후기가 올라온다.

또한 **매장 앞(현장)에도 반드시 직접 찾아가자.** 어떤 사람이 어떻게 상품을 사고 있는지 알 수 있다. 내가 산 적이 없거나, 먹은 적이 없는 상품은 가능하면 직접 체험해 보는 것이 좋다. 클라이언트가 담배 회사였을 때, 나는 태어나서 처음으로 편의점에서 담배를 사서 한 달 정도 피워봤다. 오토바이 회사였을 때는 교습소에 가서 면허를 따고 오토바이를 사기도 했다.

자신이 **소비자로 체험하면 훨씬 생생한 생각을 할 수 있다.** 체험하지 않으면 깨닫지 못하는 지점이 분명히 존재한다. 하지만 본인이 할 수 있는 범위 내에서만 시도해야 한다.

3) 문제 정리

세 번째 **'문제 정리'**는 자신만의 문제의식을 찾는 작업이다. 상황을 구조화하고 분석하여 문제에 어떠한 방식으로 접근할지 살펴보는 것이다.

흔히 '문제'와 '과제'라는 말을 혼동해 사용하지만, **'문제'는 지금 당장 어려운 상태**를 말한다. 그리고 **'과제'는 좋지 않은 지금의 상태에서 벗어나 이상적인 상태로 전환하기 위해 '해야 하는 것(What to do)'**을 말한다.

문제 정리의 순서는 다음과 같다. 정리의 대상은 '현재 상태', '원인', '이상' 세 가지다. 먼저 **'현재 상태'는 문제가 있어 어려운 상태**이다. '원인'은 현재 문제가 된 상태의 이유이며, '이상'은 어떻게 바뀌어야 하는지 이상적인 미래의 상태를 말한다.

이를 구체적으로 써보고 구조적으로 정리함으로써 현재 상태를 개선할 수 있을지, 원인을 해소할 수 있을지 접근 방법을 시각적으로 검토할 수 있다.

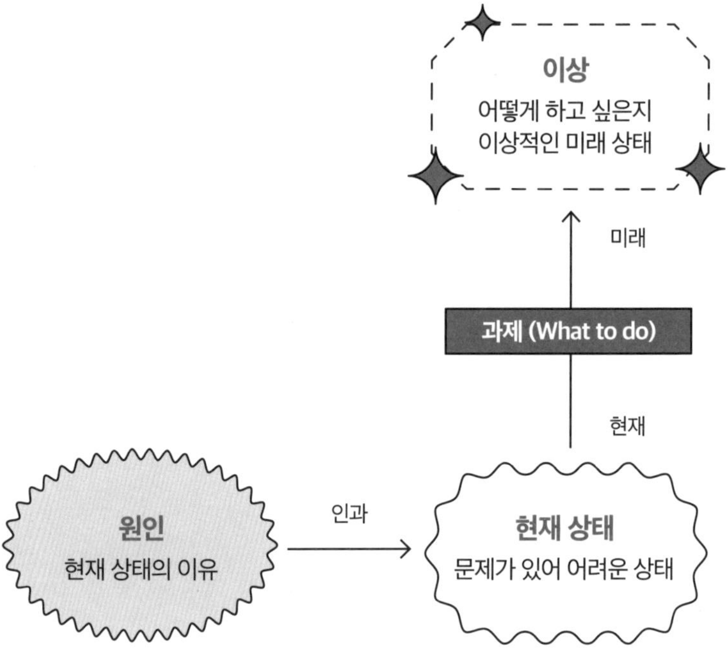
이상
어떻게 하고 싶은지
이상적인 미래 상태
미래
과제 (What to do)
현재
원인
현재 상태의 이유
인과
현재 상태
문제가 있어 어려운 상태

[그림 1-2] 문제 정리

4) 아이디어 내기

네 번째는 핵심인 **'아이디어 내기'**다. 앞의 과정에서 정리한 **문제의 원인과 이유, 이상을 가능한 한 다양한 방법으로 많이 생각하는 것**이다. 이는 2장에서 자세히 설명하겠다.

5) 기획 만들기

다섯 번째는 **'기획 만들기'**이다. **'아이디어 내기' 과정에서 나온 다양한 연구 중 어느 것이 가장 '이상적인 결과'에 근접하는지 정밀하게 검토**한다. 나아가 주변 사람들의 동의를 얻을 수 있도록 의미 부여나 가치를 정의하는 작업을 한다. 이때 3장에서 설명할 '발상의 회로'가 필요하다.

POINT

기획의 토대가 되는 다섯 가지 프로세스
①아마추어적 생각 ➡ ②리서치 ➡ ③문제 정리 ➡
④아이디어 내기 ➡ ⑤기획 만들기

아이디어와 기획은 다르다

"도대체 아이디어와 기획은 뭐가 다르지?"

이런 의문을 가지는 사람이 의외로 많다. 실제로 '좋은 아이디어가 떠오르지 않는다'와 '좋은 기획이 나오지 않는다'라는 말을 같은 의미로 받아들인다. 하지만 아이디어와 기획은 서로 비슷하면서도 다른 점이 많다. 그 차이는 '아이디어는 즉흥적인 생각이고 기획은 합의 형성'이라고 한마디로 정의할 수 있다.

먼저, 아이디어는 자유롭게 마음대로 생각해도 무관하다. 갑작스레 떠오른 어떤 하찮은 생각이라도 아이디어에 들어간다. 그 아이디어를 훌륭하다고 인정하는 사람이 자신뿐이라도 상관없고, 다른 사람이 아무리 재미없다고 말해도 괜찮다.

아이디어를 전구에 비유하면 그 형태가 어떻든 상관없다는 말이다. 그리고 불이 켜진 전구가 꼭 누군가에게 도움을 주지 않아도 괜찮다.

아이디어는 이제까지 자신이 경험한 것에서 탄생한다. 직접 보고 듣고 경험한 것이 쌓인 것이며 그 틀 안에서 탄생한다. 개인의 경험과 사고, 가치관에서 나온다는 말이다. 그러기에 자신만 재미있고 개인적 틀 안에 머물러 있어 더 발전하지 못한다는 맹점을 가진다. 따라서 다른 사람에게 '재미없다'라는 말을 듣는 것도 당연하다. 왜냐하면 개인적인 생각에 지나지 않기 때문이다. 엉뚱한 아이디어는 아쉽게도 주변 사람들을 이해시키지 못한다. 다른 사람도 재미있다는 생각이 들게 하려면, 반드시 '남들이 재미있어 하는 회로'를 주목해야 한다.

반면, 기획은 합의 형성이다. 기획에 돈을 내는 사람, 기획에 참여하는 사람 등 반드시 주변 사람과 함께 진행된다. 그래서 **다른 사람이 별 볼 일 없다고 하는 아이디어라도 기획이라면, 반드시 별 볼 일 있도록 만들어야 한다. 아이디어가 '전구의 형태를 만드는 것'이라면, 기획은 그 전구에 '불을 켜는 것'을 말한다.** 이때 불을 켜기 위해서는 회로가 필요하다.

"아이디어는 재미있는데 기획용은 아니다."

[그림 1-3]

이 말은 내가 신입사원 시절 자주 들었던 말이다. 당시 나는 이 말의 의미를 알지 못했다.

'아이디어는 재미있는데 왜 기획으로 살릴 수 없지?'

'어떻게 하면 아이디어를 기획으로 만들 수 있을까?'

'애초에 아이디어와 기획은 뭐가 다르지?'

그 당시 난 아이디어와 기획의 차이를 이해하지 못해서 고전 중이었다. 지금 생각하면 내게는 아이디어를 만드는 능력은 있었지만, 그것을 켤 수 있는 회로가 갖춰지지 않은 상태였다.

가토 마사하루加藤昌治는 《내 두뇌에 날개를 달아주는 생각의 도구》에서 '아이디어는 기획의 원료'이며 기획은 '아이디어를 현실화한 것'이라고 표현했다(feasibility=현실 가능성을 조사하는 것).

지금 내가 하는 생각이 아이디어 단계인지 아니면 기획 단계인지 파악할 수 있다면, 그것은 '좋은 기획'으로 가는 첫걸음이자 큰 걸음을 뗀 것이다.

POINT

1. 아이디어는 '생각'
2. 기획은 '합의 형성'

조건에 맞는 기획으로 승부하라

'좋은 기획'에는 두 가지 기준이 있다.

첫째, 반전이 있고 재미있어야 한다.

둘째, 누군가의 '욕망'을 이루어 줄 수 있어야 한다.

당신이 화장품회사의 헤어 왁스 개발 책임자라고 가정해 보자. 신제품 개발을 처음으로 담당하게 된 당신은 어떻게든 이번 프로젝트를 성공적으로 끝내고 싶어 할 것이다. 그래서 유능한 A 씨와 B 씨에게 기획을 부탁했다. 며칠 후, 첫 기획 회의에서 A 씨와 B 씨는 각각 다른 기획안을 가져왔다.

A 씨의 기획 : 핸드크림으로도 사용할 수 있는 헤어 왁스

문제 : 머리카락을 손질한 후 손에 헤어 왁스가 끈적끈적하게 남는 게 싫다.

연구 기획안 : 남은 헤어 왁스를 그대로 핸드크림으로 사용할 수 있다.

B 씨의 기획 : 먹을 수 있는 헤어 왁스

문제 : 머리카락을 손질한 후 손에 헤어 왁스가 끈적끈적하게 남는 게 싫다.

연구한 기획안 : 손에 묻은 헤어 왁스를 빨아먹을 수도 있다.

이 극단적인 두 개의 기획안 중 당신은 어느 쪽이 좋은 기획이라고 생각하는가?

아마 A 씨의 '핸드크림도 되는 헤어 왁스'가 훨씬 좋은 기획이라고 느낄 것이다.

그렇다면 왜 A 씨의 기획이 훨씬 좋은 기획인지 설명할 수 있겠는가? 앞서 언급한 내 기준에서 보면 둘 다 헤어 왁스라는 상품에서 생각지도 못한 독특한 아이디어를 냈다. 그러나 누군가의 욕망을 채워주는 것은 누가 보아도 A 씨의 기획안이다. 서바이벌 같은 극단적인 상황을 제외하고 헤어 왁스를 빨아먹을 사람은 없다. 따라서 기획으로 합의 형성이 가능한 안은 A 씨의 핸드크림도 되는 헤어 왁스이다.

핸드크림도 되는 헤어 왁스

먹을 수 있는 헤어 왁스

[그림 1-4]

"아이디어는 좋은데."라는 말은 언뜻 칭찬으로 들린다. 그러나 거절의 말을 상사나 선배가 에둘러 표현한 것일 뿐 좋다는 의미가 아니다. 모쪼록 아이디어가 있다면 '합의 형성'의 기준에서 자신의 기획을 다시 살펴보자.

그리고 만약 당신이 누군가의 아이디어를 평가해야 하는 상황에서 고민이 된다면 이 기준을 활용해 기획을 평가하는 것도 좋을 것이다.

POINT

합의 가능한 '좋은 기획'의 기준

1. 반전이 있고 재미있는 것
2. 누군가의 욕망을 이루어 주는 것

발상의 회로를 만들면 기획이 세워진다

내 아이디어를 기획으로 만드는 데 무엇이 필요할까?

그것은 '발상의 회로'이다.

당신의 아이디어는 불이 켜진 후에야 비로소 누군가에게 도움이 된다.

아이디어는 자기 본위의 것이어도 괜찮다. 하지만 아이디어가 기획으로 바로 서려면 타인의 합의를 얻어야 한다. 이 구조적 어려움이 우리를 가장 괴롭히는 원인이다.

아이디어가 있어도 불이 들어오지 않는 이유는 불을 켜줄 회로가 깔려 있지 않기 때문이다. 이것이 내가 젊은 시절에 좌절한 부

분이다. 재미있는 내 아이디어를 왜 알아주지 않는 것인지 화가 났다(지금 생각해 보니 참으로 건방졌다).

원래 아이디어는 자유로운 것이다. 아이디어 전구를 만드는 힘은 누구나 가지고 있다. 그런데도 아이디어가 나오지 않는다고 고민하는 사람이 아주 많다. 나 또한 아이디어는 무한하다는 것을 알고 있으면서도 "아이디어가 나오지 않는다."라는 말을 달고 살았다.

물론 시간이 무한하면 얼마든지 시간을 들여 아이디어를 생각할 수 있다. 그러나 현실에서는 쉬운 일이 아니다. 업무상 아이디어가 필요한 경우는 언제나 마감 기한이 존재하기 때문이다.

주어진 시간 안에 필요한 요건을 달성하기 위해서는 어느 정도 기술이 필요하다. 아이디어와 기획의 차이를 깨달으면 어느 부분이 자신의 약점인지 명확해진다.

2장에서는 아이디어의 중요한 비결과 활용할 만한 프레임워크를 소개한다. 아이디어를 생각하거나 아이디어가 없어 부담인 사람은 2장에 집중하면 좋다.

아이디어는 있지만, 기획이 통과되지 않는 사람은 3장과 4장에서 설명하는 주변 사람들의 동의를 얻는 '발상의 회로'가 도움이 될 것이다.

POINT

아이디어를 기획으로 만들 때 필요한 '발상의 회로'

아이디어의 스위치를 누르는 비결

2장

아이디어가 안 풀릴 땐 문제를 떠올려라

제임스 웹 영James Webb Young의 아이디어 관련 책 《60분 만에 읽었지만, 평생 당신 곁을 떠나지 않을 아이디어 생산법A Technique for Producing Ideas》을 보면 "아이디어는 원래 있던 요소의 새로운 조합 그 외에 어떤 것도 아니다."라는 구절이 있다.

나는 이 부분을 읽으며 원래 있던 무엇과 무엇을 조합해야 하는지, 그리고 어떠한 조합이 새로운 것인지 처음에는 알지 못했다. '애초에 어디에서부터 생각하면 좋은지 모르는' 상태였다. 아마도 아이디어가 전혀 떠오르지 않는다고 고민하는 상황이라면 나와 같은 상황일 것이다. 그래서 이번 장에서는 '아이디어를 내려면 어디에서부터 시작하면 좋은지'를 설명하겠다.

앞서 말한 것처럼 아이디어는 어려운 상황에서 탄생한다. 그

[그림 2-1]

어려운 상황을 벗어나려는 '연구'에서 "어떻게?"라는 질문으로 시작되는 것이다. 여기에서 연구는 세 단계로 구성된다.

잘 안 풀린다 ⇨ 다른 방법을 생각한다 ⇨ 시험해 본다

이 중 아이디어는 '다른 방법을 생각하기'에서 발현된다. 현재가 문제인 상황, 혹은 직면한 난관에서 탄생하는 것이므로 지금 방법으로는 잘 안 풀리니 다른 방법을 생각하는 것이다. 한 번 시도해 보고, 그것도 잘 안되면 다른 방법을 생각해야 한다. 그렇게 아이디어를 시험하다 보면 새로운 아이디어를 또 얻을 수 있다.

어디서부터 생각해야 하는지 감이 잡히지 않는 사람은 다음 두 가지에 집중하자.

1. 어려운 상황에 주목하기
2. 떠오른 대로 시도하기

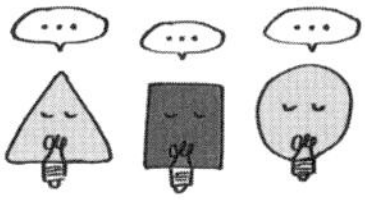

이 두 가지를 실천하면 반드시 좋은 아이디어가 탄생한다.

POINT

아이디어가 떠오르지 않는다면
1. 어려운 상황에 주목하기
2. 떠오른 것을 시도하기

아이디어의 싹을 틔우는
'연구의 4K'

"이제 '아이디어=연구'라는 건 알겠습니다. 그런데 연구 방법은 잘 모르겠어요."라고 호소하는 분들도 있다. 왜냐하면 "좀 더 연구하세요."라는 말에 구체적으로 무엇을 어떻게 하면 좋은지 모르기 때문이다.

연구 방법에는 총 네 가지가 있다.

연구의 4K

'개선, 해결, 해소, 회피'를 '연구의 4K(개선, 해결, 해소, 회피 네 단어를 일본어로 읽을 때 처음 발음되는 알파벳 K에서 따온 것임)이다. 4K 접근법의 차이를 이해하면 같은 문제라도 최소한 네 개의 아이디어

① **개선**

"이걸 좀 더 ~할 수 없을까?"

---

② **해결**

"어떻게 하면 ~할 수 있을까?"

---

③ **해소**

"애초에 이건 ~할 수 있지 않을까?"

---

④ **회피**

"차라리 ~할 수 있지 않을까?"

[그림 2-2] 연구의 4K

를 낼 수 있다. 이 4K를 순서대로 설명해 보겠다.

① 개선

'개선'은 사전에 '나쁜 부분을 좋게 바꾸는 것'으로 정의돼 있다. 그러므로 개선안은 **"이걸 좀 더 ~할 수 없을까?"**라는 연구 방법이다. "이걸 조금 더 좋게 만들 수 있지 않을까?"라는 의문이나 질문으로 눈앞의 **어려운 상황을 '지금 할 수 있는 조율'로 개선해 나가며 연구를 이어가는 것이다.**

② 해결

해결은 결과에 주목하여 어려운 상황을 처리하는 것이다. **"어떻게 하면 ~할 수 있을까?"**라는 연구에서 시작하여 해결안이 나온다. 그러므로 "어떻게 하면 좋은 결과가 나올까?"라는 질문이 해결의 시작이다. 그래야 문제·사건의 끝을 맺을 수 있다.

③ 해소

해소는 **"애초에 이건 ~할 수 있지 않을까?"**라고 생각하는 것이다. 사전에는 '지금까지의 상황·결정·관계 등이 사라져 없어지는 것. 또는 소멸시키는 것'이라고 설명되어 있다. 해결이 결과에 주목하는 것이라면, **해소는 어려운 상황을 만든 '원인' 그 자체를 제**

거하는 것이다. "애초에 이게 필요할까?"처럼 '애초에'라는 말을 붙여보는 것이 해소의 힌트다.

④ 회피

이는 **지금 잘 안 풀리는 것을 포기하고 완전히 다른 것을 시작하는 것**을 말한다. **"차라리 ~할 수 있지 않을까?"**라고 생각하며 나쁜 결과로 이어질 것을 염려하여, 상황을 피하려는 것이다. 문제 해결을 그만두는 것이기도 하고 문제를 미루는 것이기도 하다. "차라리 아예 다른 걸 하면 되지 않을까?"라는 용기 있는 제안이 회피의 시작이다.

개선·해결·해소·회피의 차이

'해소와 해결'을 아이디어에 대입할 때 문제 그 자체를 없애거나 문제를 끝낼 수 있기 때문에 가장 쉬운 방법이 된다. 그러나 아이디어가 자유롭다는 전제를 명심해야 한다. **모든 아이디어에는 장단점이 있다.** '회피나 개선'도 훌륭한 연구이며 소중한 아이디어 중 하나이다.

해소와 회피는 둘 다 좋지 않은 일의 근본 원인이 되는 요소를 완전히 없애 버리는 것이다. 더 근접해 들어가면 **해소는 문제를**

쳐내는 것이고, 회피는 문제를 뒤로 미루는 것이다. "아이디어가 떠오르지 않아."라고 말하는 사람은 해소나 해결로 이어지는 연구만이 아이디어라고 생각하고 있을 가능성이 있다. 약간의 개선이나 일단 보류를 인정하지 못하는 것이다.

그러나 실제로 우리가 직면한 문제 대부분은 혼자서는 해결·해소할 수 없는 것이 많다. 또한 모든 문제가 해결·해소하지 않아도 괜찮다. 만약 눈앞의 문제가 걸려서 당장 일을 할 수 없다면 개선으로도 충분하다.

문제 해결을 뒤로 미루고 회피해도 괜찮다.

각 연구 방법의 차이를 그림으로 설명하겠다. 예를 들어 산을 오를 때 큰 바위가 방해물이 되어 길을 막고 있어서 앞으로 나아갈 수 없다고 가정해 보자. 이 어려운 상황의 '원인'은 진로를 방해하는 커다란 바위이고 '이상'은 산을 오른 상태이다.

첫 번째, **개선은 방해물인 바위를 조금씩 깎는 것이다.** 아직 바위(원인)가 남아있지만, 언젠가 지나갈 수 있다.

두 번째, **해결은 지렛대를 활용해서 바위를 옮기는 것이다.**

바위(원인)가 길에서 사라져 앞으로 갈 수 있다. 하지만 그 길 옆에는 여전히 바위(원인)가 남아있다. 그러므로 이것은 결과에만 주

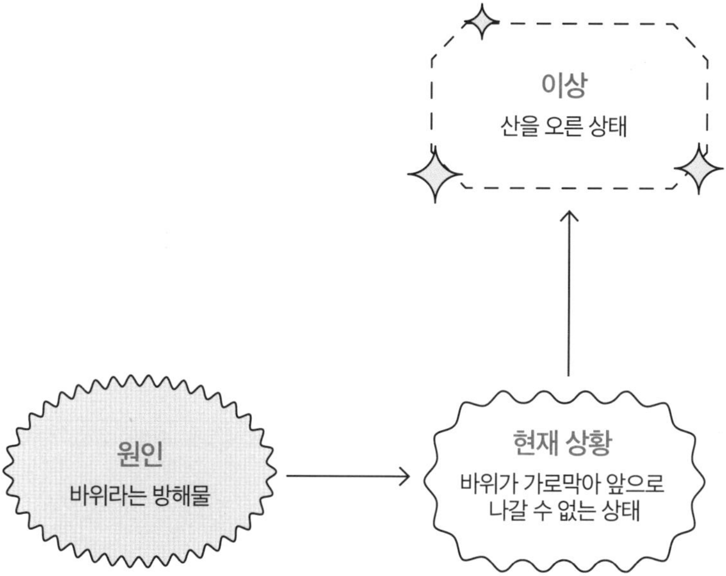

[그림 2-3] 문제 정리(등산의 예)

목한 해결이다.

세 번째, **해소는 바위를 폭파하는 것이다.**

바위(원인)가 가루가 되어 사라져 길을 지나갈 수 있다.

네 번째, **회피는 바위를 피해 다른 길을 찾아보는 것이다.**

다행히 새로운 길을 발견해 앞으로 나아갈 수 있다. 하지만 바위(원인)는 길 한가운데 그대로 남아있다. 내가 지나간 후에 그 길을 가려는 사람은 똑같은 문제를 겪게 된다.

이처럼 **해결과 해소는 품이 들어간다.** 지렛대로 쓸 막대를 찾아야 하고 폭약을 다루는 사람을 섭외해야 한다. 환경 파괴 등 다른 문제를 만들어 내는 것은 아닌지 살펴야 한다. 이 방법들이 심리적 부담이 높은 이유이다.

정리하면 개선은 다른 3K와 비교하면 비교적 쉽게 실천할 수 있는 대증요법이다. 하지만 문제가 재발할 우려가 있다. 해결은 상황은 호전되지만, 결과에만 집중하므로 문제의 원인이 여전히 남아있다. 해소는 원인을 완벽하게 제거할 수 있지만, 큰 결단이 필요하다. 회피는 문제의 원인은 그대로이지만, 직접적으로 나서

개선

해결

해소

회피

[그림 2-4]

지 않아도 좋아진다. 그러나 나 아닌 누군가 그 문제를 해결해야 한다.

POINT

개선, 해결, 해소, 회피라는 '연구의 4K'를 활용해 아이디어를 내자.

방법을 연구하면 새로운 길을 찾을 수 있다

연구의 4K마다 어떤 차이가 있는지 이해했으리라 믿는다. 지금부터는 4K를 활용한 **'4K 사고 맵'**을 소개하겠다.

먼저 [그림 2-5]처럼 칸 4개를 그린다. 그리고 **오른쪽부터 시계 방향으로 '이상', '현재 상황', '원인', '?'라고 써보자.** 각 칸에 이상적인 상태, 어려운 현재 상황, 현재 상황을 만든 원인을 써보자. 이 시점에서 '?' 부분은 무시한다.

이어서 바깥쪽에서 각 칸으로 향하는 화살표를 그리자. **이상 쪽으로 접근하는 것이 '해결', 현재 상황으로 접근하는 것이 '개선', 원인 쪽으로 접근하는 것이 '해소', 마지막으로 '회피'는 완전히 다른 접근 방법이므로 '?' 쪽으로 접근한다.**

적을 때 **'현재 상황**(현재 문제점), **이상**(어떻게 되어야 이상적인지) **그**

리고 원인(어려움의 원인)을 순서대로 쓰면 정리하기 쉽다. 연구 방법을 생각할 때도 같은 칸 순서대로 생각하자. 심리적 문턱이 낮은 순서대로 개선·해결·해소·회피 순으로 생각하면 아이디어를 쉽게 낼 수 있다.

이 표를 맵처럼 정리하여 가시화하면 사고를 잘 정리할 수 있다. 지금 어느 부분에서 생각하고 있는지, 이후에는 무엇을 생각하면 좋은지 그리고 어느 부분을 아직 생각하지 않았는지가 명확해진다.

아이디어를 생각하다 보면 종종 방향을 못 잡기도 한다. 특히 여러 사람이 함께 아이디어를 내고 있다면 더욱 그러하다. 그럴 때, 이 맵을 보면 현재 우리가 어떤 상황인지 정확하게 알 수 있으며 의론 진행도 수월해진다.

이처럼 칸 4개와 여백만 그려도 아이디어 회의에 쉽게 활용할 수 있다. 여러 사람이 함께 이야기하는 곳이라면 화이트보드를 이용해 같이 보면서 의론하는 것을 추천한다.

실제로 4K를 활용한 예를 보자.

맛이 좋기로 유명한 빵집에서 상담 요청이 들어왔다.

"가게가 지방에 있어서 그 지역 사람만 찾아옵니다. 하지만 미래를 생각해서 새로운 고객도 확보하고 싶습니다."

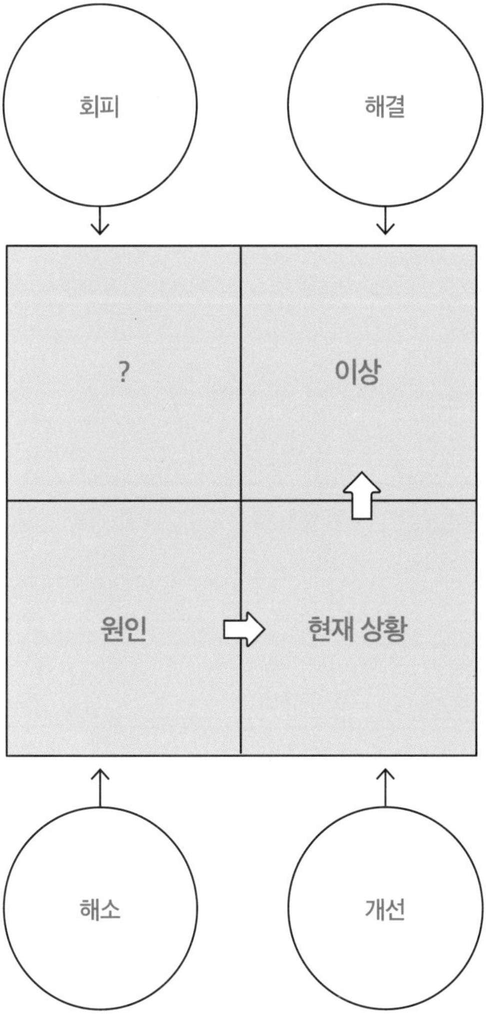

[그림 2-5] 연구의 4K 사고 맵

여기에 어떤 조언을 할 수 있을까?

'4K 사고 맵'을 활용하면 아이디어 네 개 정도는 만들 수 있다.

◆ **구체적인 예 1) 지방에 있는 빵집의 고민**

먼저, 정보를 토대로 문제를 정리해 보자.

현재 상황의 문제는 그 지역 내 고객만 찾아온다.

원인은 점포가 지방에 있기 때문이다.

이상은 새로운 고객을 확보하고 싶다.

문제를 정리했으니 각각 무엇을 연구해야 하는지 생각해 보자.

①**개선: '좀 더'**에서 시작하자

②**해결: '어떻게 하면'**에서 시작하자

③**해소: '애초에'**에서 시작하자

④**회피: '차라리'**에서 시작하자

①개선안

다른 지역에서도 팔 수 있도록 좀 더 판매 경로를 늘리는 것은 어떨까?

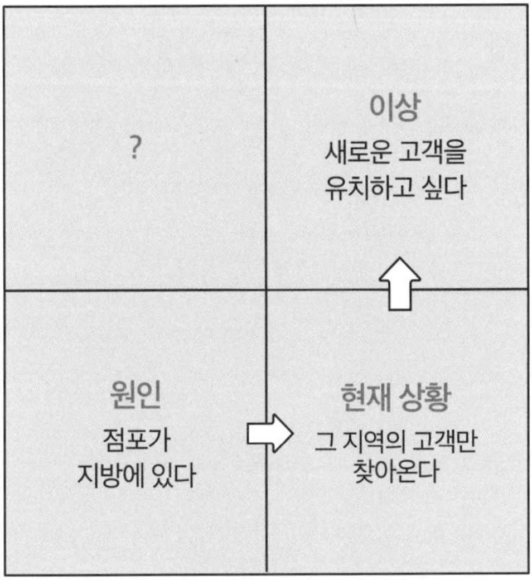

[그림 2-6] 문제 정리(빵집)

다른 지역의 판매점과 계약해서 빵을 파는 장소를 늘린다.

점포가 지방에 있다는 원인 자체는 그대로이지만 신규 고객을 확보할 수 있다.

②해결안

"어떻게 하면, 새로운 고객을 늘릴 수 있을까?"

그렇다면 냉동 빵을 시작해 보는 것은 어떨까? 막 구워낸 빵을 급속 냉동해서 온라인으로 전국에 판매한다. 새로운 설비를 도입해야 하므로 개선안보다는 진입장벽이 높다.

③해소안

점포가 지방에 있는 것이 문제의 원인이라면, **"애초에** 여기에 가게가 있으면 안 되는 거였나?"라며 과감하게 접근해 보자.

현 위치의 가게를 정리하고 이동 판매로 전환한다. 이는 가게가 지방에 있다는 문제의 원인 그 자체를 제거하는 큰 결단이다.

④회피안

'?'에 접근하는 첫 단서를 찾기 어려울 수 있다. **"차라리** 빵 말고 다른 것도 팔아볼까?"라는 묘안이 탄생한다. 선대부터 이어진 가게 간판 디자인을 티셔츠로 만들어 전국 의류 판매장에서 팔아

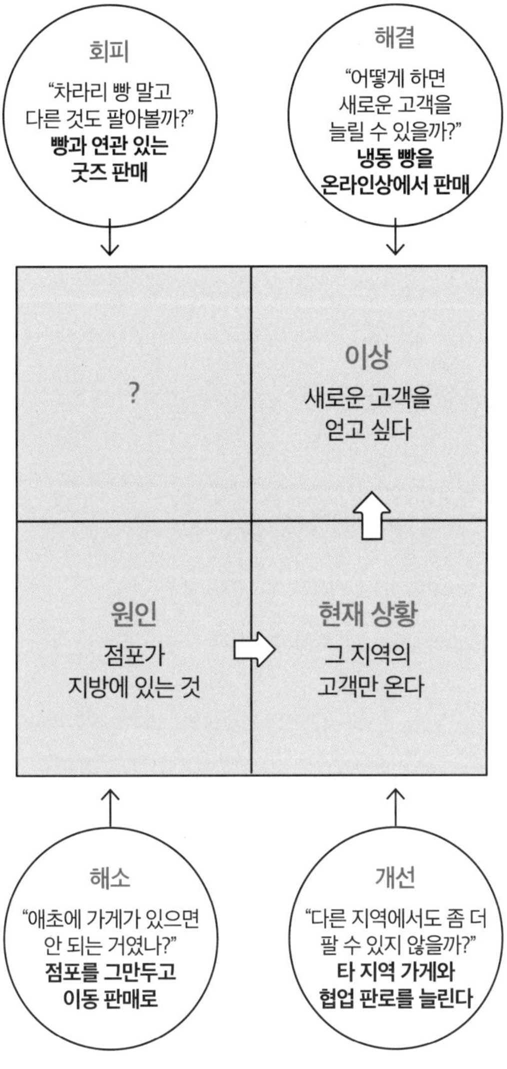

[그림 2-7] 4K 사고 맵(빵집)

보는 것은 어떨까? 가게의 명물인 빵을 그려 넣은 쿠션도 귀여울 것이다. 회피는 '?'에 접근하기 위해 이처럼 획기적인 아이디어가 가능하다.

◆ 구체적인 예 2) 어떤 중소기업 인사담당자의 고민

어떤 중소기업 인사담당자가 고민을 털어놓았다.

"안정적인 직장이지만, 폐쇄적이고 새로운 자극이 적은 편이죠. 이에 사원들의 의욕을 끌어올리고 싶습니다."

이제 그 문제를 맵을 활용해 정리해 보자.

현재 상황은 사원들의 의욕이 떨어졌다.

원인은 폐쇄적이고 새로운 자극이 적기 때문이다.

이상적인 상태는 사원들이 의욕적으로 생활하는 것이다.

①개선안

"의욕을 끌어올릴 **좀 더 직접적인** 시스템을 만드는 것은 어떨까?"

영업 노력과 연동한 보너스를 신설하자.

폐쇄적이라는 원인 그 자체는 남아있지만, 의욕을 끌어올릴 수 있다.

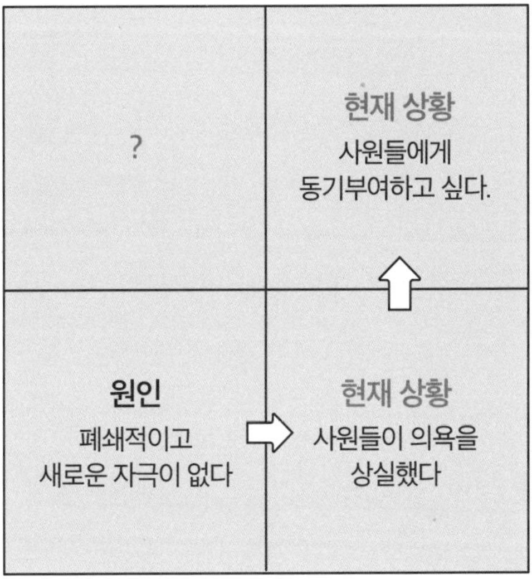

[그림 2-8] 문제 정리(중소기업)

②해결안

"어떻게 하면 의욕을 끌어올릴 수 있을까?"

사원들에게 신사업의 아이디어를 모집하고 아예 새로운 사업부를 신설하는 것은 어떨까?

모든 사원이 바뀔지는 알 수 없지만, 본인들이 생각한 사업이라면 의욕도 올라갈 것이다.

③해소안

"애초에 폐쇄적이라는 점이 문제가 아닐까?"

다른 회사와 교환 유학 제도를 만들어 보자.

참여를 희망하는 사원을 다른 회사에 파견하고 대신 다른 회사의 사원을 받는다.

인재를 활성화하면 폐쇄적이라는 원인은 제거할 수 있다.

④회피안

"차라리 쉬어보는 건 어떨까?"

전 직원에게 한 달 정도 긴 연휴를 주는 것이다. 문제는 아무것도 바뀌지 않았지만 온·오프 변환이 가능하므로 어쩌면 지금보다 훨씬 업무를 열심히 할 수 있다.

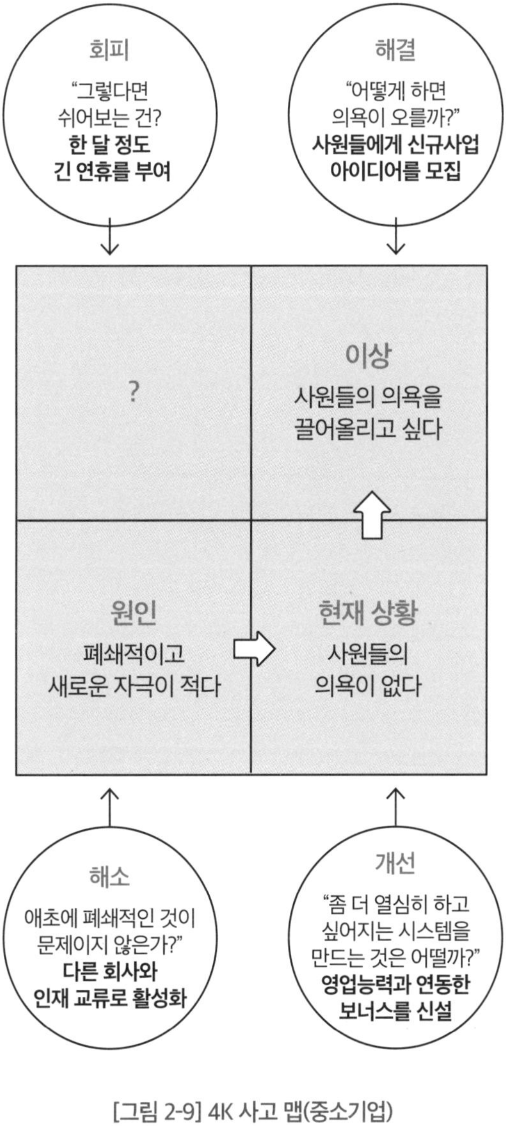

[그림 2-9] 4K 사고 맵(중소기업)

◆ 구체적인 예 3) 어느 맞벌이 부부의 고민

4K는 업무 환경이 아닌 곳에서도 활용될 수 있다. 다음의 예를 함께 살펴보자.

어느 맞벌이 부부에게는 아직 어린아이가 있다. 부부는 집안일과 육아 그리고 업무로 눈코 뜰 새 없이 바쁜 나날을 보내느라 좀처럼 방을 깨끗하게 정리할 시간이 없다. 아이 장난감이 거실에 어지럽게 굴러다니고 있어서 방이 항상 지저분하다.

문제를 발견한 이들은 서둘러 맵을 작성해 보았다. 현재 상황에서 고민은 방이 지저분하다는 것이다. 그 원인은 부부가 맞벌이하며 아이를 양육하느라 바빠서 좀처럼 시간을 낼 수 없다는 데 있었다. 이상적인 상태는 거실에 물건이 떨어져 있지 않은 깨끗한 모습이다.

①개선안

"**좀 더** 가사 일을 분담할 수 있지 않을까?"

부부끼리 상담해서 당번을 정해보자. 순서를 정해놓으면 바빠도 청소할 수 있다.

②해결안

"**어떻게 하면** 방을 깨끗하게 유지할 수 있을까?"

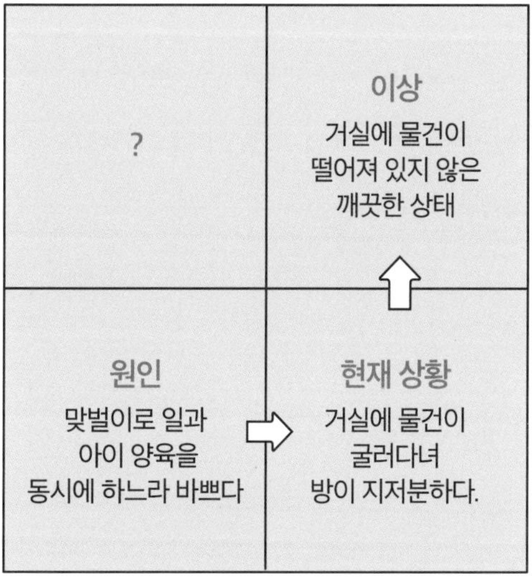

[그림 2-10] 문제 정리(맞벌이 부부)

집안일을 외부 업체에 맡기는 건 어떨까?

가사대행업자에게 일주일에 몇 번 정도 방문 청소를 받아보자. 비용은 들어가겠지만 두 사람은 시간을 확보할 수 있다.

③해소안

"애초에 일이 너무 많지 않나?"

큰마음 먹고 일을 바꾼다. 문제의 원인인 바쁜 업무를 제거하고 시간을 자유롭게 쓸 수 있는 일로 바꾸는 것이다. 워라밸도 챙기고 방을 청소할 시간을 확보할 수 있다.

④회피안

"차라리 수납공간을 만들어 볼까?"

거실에 어지럽게 나와 있는 물건을 보관할 수납공간을 새로 만들기로 했다. 두 사람이 바쁜 건 변함없지만 우선은 거실에 나와 있던 물건은 정리할 수 있다.

위의 네 가지 접근법을 이해한 후에 연구하면 어렵지 않게 전혀 다른 4개의 아이디어를 낼 수 있다.

자, 이제 해결과 해소만이 아이디어가 아니라는 것을 이해했는

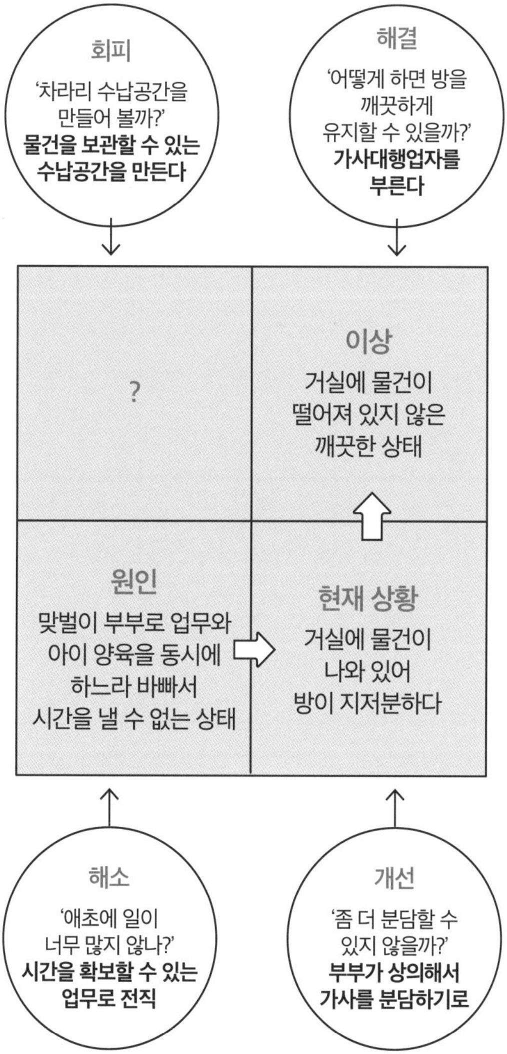

[그림 2-11] 4K 사고 맵(맞벌이 부부)

가? **개선도 회피도 훌륭한 아이디어다.** 여러분도 날마다 겪는 어려움이 있다면, 이 4K 프레임을 활용해서 객관적으로 분석해 보길 바란다. 그러면 어려움과 고민을 해결할 연구 방법이 보이기 시작할 것이다.

네 가지 연구 방법에서 문제 해결의 희망이 보이면, 눈앞의 어려운 상황에 좌절하지 않고 유연하게 받아들일 수 있다.

POINT 

1. '4K 사고 맵'으로 문제를 정리하자.
2. 네 가지 연구 방법을 활용해 아이디어를 내보자.

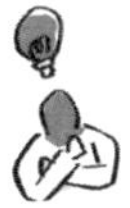

아이디어의 스위치를 눌러라

아이디어는 '머리로 생각하는 것'이라고 오해하기 쉽다. 하지만 머리에 의존한 발상은 뇌에 있는 정보만 재료로 쓰기에 언젠가는 고갈한다. **"아이디어가 떠오르지 않아."라고 말하는 사람은 머리로만 생각하기 때문일지 모른다.**

여기서 손이나 눈, 귀, 입 그리고 몸으로 발상하는 방법을 소개하겠다. '아이디어의 다섯 가지 스위치'인데 감각을 스위치로 표현한 것이다.

아이디어 스위치 1 : 손으로 발상하기
아이디어 스위치 2 : 눈으로 발상하기
아이디어 스위치 3 : 귀로 발상하기

[그림 2-12]

아이디어 스위치 4 : 입으로 발상하기

아이디어 스위치 5 : 몸으로 발상하기

아이디어 스위치를 바꾸면 새로운 아이디어가 탄생한다.

◆ **스위치 1) 손으로 발상하기**

나는 리서치하기 전에 생각을 정리하고 쓰는 것부터 시작한다. 소비자로서 대상 상품과 브랜드에 대해 느낀 것을 A5 링 노트에 솔직하게 쓴다. 상품의 **이미지나 감상을 맥락 없이 쓰는 것**이므로 세세하게 쓰지 않고 '대강'의 이미지를 떠오르는 대로 쓴다. 이렇게 종이에 직접 하나하나 쓰는 이유는 내 생각을 객관적으로 파악할 수 있기 때문이다.

머릿속으로만 생각하면 사고를 다양하게 가지는 데 한계가 있다. 하지만 **종이에 써서 가시화하면 여러 방향에서 생각을 떠올릴 수 있다.** 또한 아이디어가 막혔을 때 노트를 보면 예전에 내가 어떤 생각을 했는지 찾아볼 수 있다.

이렇게 과거의 나와 브레인스토밍Brainstorming(아이디어를 서로 내는 것)하는 것이다.

쓰는 종이도 다양하게 시험했다. 복사 용지에 써서 커다란 집게로 고정해 들고 다니던 시기도 있었다. 자유롭게 넣다 뺄 수 있

고 프로젝트별로 제안한 기획서도 함께 관리할 수 있어 좋았다. 하지만 두꺼운 종이 뭉치를 들고 다녀야 해서 가방이 항상 무거웠다. 무거운 가방에 눌려 기껏 떠오른 아이디어도 가라앉을 것 같았다.

A4 크기의 링 노트를 사용한 적도 있다. 최근 몇 년 사이에 A5 크기의 링 노트에 정착한 이유는 집이나 카페에 있는 작은 테이블 위에 노트북과 노트를 동시에 폈을 때, 방해되지 않는다는 점 그리고 펼치면 익숙한 A4 크기로 사용할 수 있기 때문이다.

나는 노트에 쓴 아이디어를 정리하는 작업은 반드시 워드 베이스의 소프트를 활용한다. 노트북으로 작업한다면 처음부터 파워포인트나 애플의 키노트Keynote 같은 슬라이드를 만들 수 있는 소프트를 열지 않는다. 대신 워드나 텍스트 에디터를 연다. 나는 노트에 쓴 아이디어를 정리하는 작업은 반드시 워드 베이스의 소프트를 활용한다.

처음부터 슬라이드를 만드는 소프트로 시작하면 레이아웃이나 디자인 같은 쓸데없는 것에 더 신경 쓰게 된다. 또한 슬라이드 포

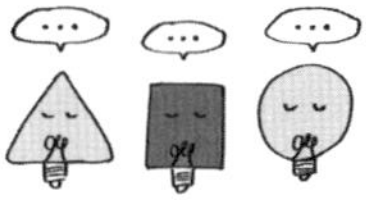

맺은 페이지가 나뉘어서 전후 흐름이나 사고 과정을 파악하기 어렵다는 단점이 있다. 그런데 한 번에 파악할 수 있는 워드로 정리하면 글의 흐름이나 모순을 바로 확인할 수 있고, 아이디어 전구의 윤곽을 훨씬 세밀하게 그릴 수 있다.

머릿속으로만 생각하지 말고 손을 움직이는 것부터 시작하자.

◆ 스위치 2) 눈으로 발상하기

새로운 상품이나 브랜드를 담당하면 반드시 매장에 가서 눈으로 확인하자. 매장에서 어떤 사람들이 상품을 사는지 그리고 가판대의 POP 같은 판촉물은 어떤 것이 놓여 있고, 손님 응대는 어떻게 하고 있는지 관찰해야 한다.

그 뒤 상품을 자세히 조사하면서 어떠한 역사가 있고 무슨 기능이 있는지, 경쟁 상품은 무엇인지 철저하게 살펴야 한다. 새로운 정보를 인풋 하면 머릿속으로만 발상하던 때와는 출발점이 다르다. 그러면 떠오르는 아이디어도 당연히 달라진다.

아이디어가 막혔다면 밖으로 나가보자. 밖으로 나가서 다양한

것을 관찰하자. 나는 아이디어를 떠올릴 때는 반드시 사람이 많은 장소에서 시간을 보낸다. 주변 사람들을 관찰하며 그들이 어떤 생활을 하는지 본다. 그리고 무엇을 보고 무엇을 사는지, 눈앞의 아이디어를 보고 어떠한 반응을 할 것인지 상상한다.

머릿속으로 발상하는 것보다 눈앞에 그 사람이 직접 있는 편이 상상하기 쉽다. 사람들의 생활을 상상하는 작업은 내가 다른 사람에게 빙의하는 감각과 비슷하다. "나라면 어떻게 할 것인가?"라는 실마리가 보이지 않는다면 '저 사람이라면 어떻게 할까?'를 생각해 보자.

◆ 스위치 3) 귀로 발상하기

해당 상품이 이미 시중에 나와 있다면 사용하는 사람을 찾아서 인터뷰해 보자. 인터뷰할 사람이 당장 떠오르지 않는다면 SNS상의 지인에게 물어보는 것도 좋은 방법이다.

어떤 계기로 그 상품을 샀으며 사용하고 마음에 든 부분은 무엇인지, 반대로 어떤 불만이 있었는지 물어보자. 그러면 상품을

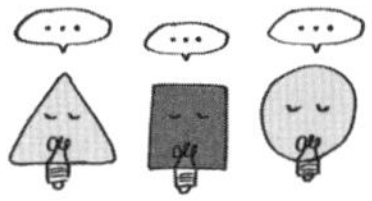

훨씬 잘 이해할 수 있다.

구매 동기는 그 상품의 매력과 직결한다. 마음에 든 포인트와 구매 이유가 다르다면 사실은 그 포인트가 상품의 진짜 매력일 수도 있다. 그리고 불만 포인트가 바로 연구의 출발점이 된다.

나는 아이디어를 내면서 남들에게 그 아이디어를 어떻게 생각하는지 물어본다. 나와 다른 시점으로 사물을 파악하는 사람의 뇌를 빌리는 것이다. 그 상품과 문제 정리에 대해 모르는 사람을 일부러 골라 물어보면 또 다른 아이디어의 출발점을 발견할 수 있다.

또한 들리는(소리) 정보로 나의 기분을 바꾸는 것도 효과적인 방법이다. 나는 많게는 하루에 세 번 정도 장소를 바꿔가며 아이디어를 낸다. 주변 배경음과 사람이 달라지므로 장소를 바꾸면 기분도 전환된다. 그러면 아이디어 내기에 집중할 수 있다.

《슬램덩크》와 《배가본드》의 작가인 이노우에 다케히코[井上雄彦]의 제작 풍경을 NHK '프로패셔널 일의 방식'에서 취재한 적이 있는데 그는 찻집을 하루에 몇 번씩 옮긴다고 했다. 찻집별로 성격이

나 캐릭터를 짜는 장소, 스토리 라인을 생각하는 장소 등 각각의 역할과 가는 순서를 정하고 간다는 이야기도 인상적이었다.

장소를 바꾸기 어렵다면 듣는 음악을 바꾸는 것도 효과적이다. 듣는 정보, 특히 음악은 기분을 크게 좌우한다. 밝은 음악과 어두운 음악. 시끄러운 음악과 조용한 음악 등등, 음악을 나누어 들어보면 어떨까? 단, 가사가 어느 나라 말인지 주의해야 한다. 아이디어를 말로 정리할 때 들리는 음악의 가사를 이해하면 생각하는데 방해가 되기 때문이다. 자국어로 아이디어를 정리한다면 언어가 겹치지 않는 다른 대륙의 음악이나 가사가 없는 곡을 선택할 것을 추천한다.

◆ 스위치 4) 입으로 발상하기

혼잣말도 괜찮다. 누군가에게 설명하듯 생각한 것을 말해 보자. 그러면 텍스트에서는 보이지 않던 문제점이 눈에 들어온다. 소리 내서 읽어보면, 설명이 자연스럽지 않고 연관성이 떨어지는 곳이 보인다. 이야기를 들어주는 사람이 있다면 정보 누설이 아

닌 선에서 말로 설명해 보자. 텍스트상으로는 연이어 써도 어색하지 않던 문장이 말로 하면 관련성이 없거나 인과 관계가 맞지 않는 경우가 종종 있다.

혼자일 때도 스마트폰 녹음 기능을 활용해 본인의 설명을 직접 들어보자. 손으로 발상할 때 막상 무엇부터 쓰면 좋은지 감이 잡히지 않는다면 입으로 발상하는 방법을 추천한다. 소리 내서 말해보면 이야기를 이어 나가야 해서 어떻게든 입에서 단어가 나온다. 이처럼 소리 내어 말하는 것이 돌파구가 될 수 있다.

남에게 설명하는 사이 단어가 떠오르기도 한다. 예를 들어 긴 카피 문구나 메시지를 쓸 때 나는 혼자 이야기한 것을 녹음하여 다시 듣는다. 들으면서 내가 알기 쉽게 설명하고 있는지 따져보면 내 아이디어를 객관적으로 판단할 수 있다.

◆ 스위치 5) 몸으로 발상하기

아이디어는 지식보다는 '경험'에서 탄생한다. 총무성이 발표한 데이터를 보면 2020년 인터넷 정보량은 2002년에 비해 6,000배

이상 수치가 올랐다. 정보가 아이디어의 원천이라면 극단적인 말로 6,000배의 아이디어가 나와야 정상이다. 우리가 접속하는 하루의 정보량은 에도 시대江戶時代(1603~1867) 사람들의 1년 치, 헤이안 시대平安時代(794~1185) 사람들이 평생 얻는 양이라고 한다.

그러나 아이디어를 낼 때는 머리에 들어온 정보보다 내 몸을 쓴 경험이 훨씬 중요하다. 상품이라면 가게에 직접 찾아가 물건을 사보고 서비스라면 직접 이용해 보는 것이다. '알고 있는 것'과 '한 적이 있는 것'에는 큰 차이가 있다.

지식을 늘리는 것보다 직접 경험을 늘리면 훨씬 쉽게 아이디어가 떠오른다. 한 번도 한 적이 없는 것을 즐기고 체험하겠다는 사고방식이 아이디어를 만든다.

나는 회의할 때 되도록 서서 참여한다. 앉아있으면 기분도 가라앉는다. 회의실 안을 돌아다니거나 화이트보드를 크게 활용하는 등 가능한 한 나를 액티브한 상태로 만들어 놓는다. 앉아서 회의하면 '좋은 아이디어를 내야 할 텐데.'라는 생각에 잘못 말하면 큰일 날 것 같은 분위기가 조성된다. '제대로' 회의해야 한다는 분

위기는 우리에게 스트레스를 주고 아이디어를 말하기 어려운 환경을 만든다. 그러나 서서 회의에 참여하거나 적극적으로 행동하면 나뿐만 아니라 주변 사람도 아이디어를 내기 쉬워진다.

이것이 아이디어를 발상하는 다섯 가지 스위치이다. **새로운 아이디어를 생각하는 일은 우리 뇌에는 큰 부담이다.** 뇌는 "더는 아이디어가 떠오르지 않아."라며 당장 도망치고 싶어 한다. 그럴 때 이 다섯 가지 스위치를 의식적으로 구별해서 활용해 보자.

땡땡이치는 버릇이 있는 뇌(나)에게 이 스위치를 눌러서 전기 자극을 흘려보내면 아이디어 찾기를 포기하지 않고 계속할 수 있다. 아이디어가 떠오르지 않는다면 꼭 활용해 보기 바란다.

POINT

손, 눈, 귀, 입, 몸을 활용해 아이디어를 내자.

아이디어를 위해 두 개의 열쇠를 잡아라

'4K 사고 맵'과 '아이디어 스위치'를 실천하면 아이디어를 꽤 낼 수 있다. 하지만 "아이디어는 좋은데 어디서 본 듯하다."라는 피드백을 받기도 한다. 그래서 이왕 아이디어를 낸다면 유일무이하고 독창적인 아이디어를 내고 싶은 욕구를 품는다.

어디서도 본 적 없는 '새로운' 아이디어를 내는 특별한 방법에는 두 가지가 있다. 하나는 자신이 좋아하는 것을 소중히 여기는 것이고, 다른 하나는 무엇이든 실천하는 것이다.

좋아하는 것을 더 좋아하고 누가 부탁하지 않아도 자발적으로 열심히 할 때 가능하다. 그러다 보면 주변 사람들은 모르는 부분까지 발견할 수 있다. 기시감은 어딘선가 본 적이 있고, 들은 적이 있기에 안다고 느끼는 것이다. 자신만이 가진 영역에서 다른 사람이 모르는 부분까지 열심히 연구하면 당신만의 아이디어가 탄생할 것이다.

본인이 좋아하는 것이 무엇인지 모르겠다면 반대로 싫어하는 것을 떠올려 보자.

싫어하는 것 뒤에는 좋아하는 것이 숨어있다. 호불호는 종이 한 장 차이이다. 좋고 싫음을 의식하면 자기 안에 기준이 탄생한다. 이것을 나만의 아이디어로 다듬으면 된다.

기획 업무는 정반대의 다양한 아이디어를 가능성에 따라 자신만의 각도로 다듬는 과정이다. 그렇게 다듬은 것 중에서 개성 있고 독창적인 아이디어를 찾아야 한다.

실천은 연구의 세 가지 프로세스 중 가장 마지막에 있던 '실천'과 같다. 오늘날은 SNS를 비롯해 발표할 곳이 많아져 언제 누구라도 '실천하는 시대'가 되었다. 누가 부탁하지 않아도 나만의 연구를 실천해 보고 그에 대한 피드백을 얻을 수 있다. 이를 몇 번 반복하다 보면 다른 사람과 차별화된 아이디어가 탄생한다. 나 또한 크리에이티브 부서에 가지 못했던 신입사원 시절부터 일 년에 하나씩 꾸준히 만들었던 개인 작품을 만들어 실천했다. 이로써 업무적으로 변화를 맞게 된 것이다.

이렇듯 어디에도 없는 당신만의 특별함을 만드는 열쇠는 당신의 행동이다.

POINT

아이디어의 독창성을 길러주는 열쇠

1. 내가 좋아하는 것을 소중히 여기기
2. 무엇이든 실천하기

기획을 위한 발상은 다르다

3장

다른 사람에게 재미를 선물하라

"왜 내 기획은 통과하지 못할까?"

기획을 맡아 노력했지만 좀처럼 기획안이 통과되지 않는다. 나는 재미있는데 주변 사람들은 전혀 동의하지 않는다. 이러한 답답한 기분을 느껴본 경험이 꽤 있지 않은가?

동료나 후배는 착실히 기획을 실현하고 있지만 내 기획안만 통과되지 않아 괴롭고 초조했던 경험.

'나는 재능이 없는 걸까? 아니면 이 일이 나랑 맞지 않는 걸까?'

이런저런 생각에 내 자신에 대한 믿음이 사라져간다.

입사하고 7년이 되었을 무렵, 나는 그런 우울한 상태였다. 의욕만 있고 성과가 나오지 않아 일을 어떻게 해야 하는지 갈피를 잡지 못했다. 그럴수록 내 아이디어는 인정받지 못했다.

그때가 내가 광고 업무를 시작하고 직면한 가장 큰 벽이었다. 기획안은 많이 만들었지만, 클라이언트는 물론 사내에서조차 선택받지 못했다. 나는 '합의'를 얻지 못한 것이다.

지금 생각해 보면 그 이유는 명확하다. 당시 나는 아이디어와 기획의 차이를 전혀 이해하지 못했다. 내 기획이 인정받지 못한 가장 큰 이유는 다른 사람이 무엇을 좋아하는지 그 포인트를 이해하지 못했기 때문이다. **내 '재미 포인트'만 알았을 뿐 다른 사람의 '재미 포인트'는 전혀 몰랐던 것이다.**

문제의 원인을 알게 된 나는 남들이 재미있어하는 것이 무엇인지 철저히 분석하기 시작했다. 각종 광고 수상 작품을 엑셀로 정리하고 기획 패턴별로 나누어 라벨을 붙였다. 그때부터 내 기획은 조금씩 통과되기 시작했다. 나도 모르는 사이 모든 사람에게 '통하는' 회로가 내게도 깔린 것이다. 이 과정에서 나는 아이디어 전구에 불이 들어오는 기획에는 일정한 법칙이 있다는 것을 깨달았다.

아이디어는 내 머리로 생각하고, 기획은 타인의 머리로 체크해야 한다.

아무리 아름다워도 아이디어 단계에서는
절대 전구에 불이 들어오지 않는다

[그림 3-1]

아이디어는 자유로워도 상관없지만, 기획은 배려심이 필요하다. 타인의 사고 회로가 빠져있으면 내 아이디어 전구는 꺼진 상태이다. 아이디어 전구의 형태가 아무리 독창적이고 아름다워도 전구에 불이 들어오지 않는다면 무용지물이다. 전구에 불이 들어오게 하려면 회로가 필요하다.

전구가 켜지지 않은 기획에는 불이 들어오지 않는 원인이 있다. 좋은 기획을 만드는 작업의 99퍼센트는 회로를 만드는 작업이다. **좋은 회로만 있으면 스위치를 켜는 순간 아이디어 전구가 반짝반짝 빛을 낸다.**

POINT

아이디어는 내 머리로 생각하고, 기획은 타인의 머리로 체크한다.

자신만의
발상의 회로를 가져라

지금부터 내가 '발상의 회로'를 만든 계기를 들려주려고 한다.

나는 크리에이티브 부서를 희망하고 덴쓰에 입사했지만 다른 부서에 배정받았다. 입사하고 7년이나 지나 정신을 차려보니 영업 부서에 있었다. 그런데도 크리에이티브 부서를 향한 열망은 수그러들지 않았다.

내가 기사회생할 방법은 '영칸Young Lions Competitions'밖에 없었다. 영칸은 세계 최대의 광고 대회로 통칭 칸 광고제에서 진행하는 30세 이하 아이디어 콘테스트다. 일본 내 예선에서 1위를 해야 프랑스 칸에서 열리는 본선에 일본 대표로 참여할 수 있었다. 현장에서 나온 주제로 24시간 이내에 기획을 만드는 아이디어 버전 천하제일 무도회 같은 이벤트 형식이다.

이 대회에 매년 끊임없이 많은 부문에 응모했지만 14번이나 떨어졌다. 가장 큰 문제는 예선에 기획을 제출할 때마다 '올해는 내가 될지도 몰라.'라며 매번 자신에 차 있었다는 점이다. 그때도 떨어지는 이유는 몰랐다.

나는 심사위원들의 '재미 포인트'를 이해하지 못했다. 그렇게 나이 제한인 서른 살이 가까워지고 있었다. 그리고 15번째 도전하던 해, 나는 '이대로는 또 탈락'이라는 사실을 깨달았다(참 빨리도 알아차렸다).

분명히 내 아이디어가 재미없다는 사실을 안 것이다. 그래서 다른 사람이 재미있어하는 기준이 무엇인지 알아야겠다고 생각했다. 그때부터 칸 광고제의 과거 수상 작품을 하나씩 엑셀에 정리하는 작업을 시작했다. **각 기획을 분석하고 추상화하고 패턴화했다. 기획할 때 활용할 수 있는 툴을 만든 것이다.**

그 '툴(회로)'을 만들어 기획안을 낸 해, 150위보다 훨씬 아래 있던 내가 일본 내 예선에서 1위를 했다. 드디어 일본 대표가 된 것이다. 이듬해도 국내 예선을 통과하고 아시아에서 열리는 영스파

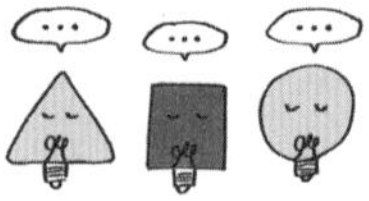

이크스Young Spikes 광고 대회 본선에 일본 대표로 참여해 우승했다.

이제까지 1차 심사조차 통과한 적 없던 내가 말이다.

일본 대표가 된 이듬해 나는 그렇게 원하던 크리에이티브 부서로 이동했다. 입사 8년째, 드디어 '카피라이터' 명함을 손에 넣은 것이다. 그러나 부서가 바뀌었다고 갑자기 카피를 잘 쓸 수 있게 되는 것도 아니었다. 그래서 나는 다시 회로를 만들어야겠다고 생각했다. 곧장 일본 최대 카피라이터 협회인 도쿄 카피라이터스 클럽(이하, TCC)이 매년 발표한 TCC 상을 받은 카피를 다시 엑셀로 정리했다.

리스트를 막무가내로 정리하는 건 자료를 나열한 것에 불과하다. 나는 카피라이터가 이 카피를 어떻게 클라이언트에게 프레젠테이션했을지 상상하며 스토리를 보충했다. 좋은 카피를 쓴 사람의 사고 회로를 나름대로 따라가려는 작업이었다.

그 해, 나는 카피라이터의 등용문인 TCC 신인상을 받았다. 크

캐치프레이즈	가정 프레젠테이션	CM 전개/보디카피	CM 기획 패턴
어떤 카드냐에 따라 인생이 달라진다.	카드가 있다는 의미는 과감한 결단을 할 수 있다는 것. 어떤 카드냐에 따라 인생의 선택지도 넓어진다.	어떡하지? 어떡하지? 어떡하지! 나! 어떻게 해야 하는 거야!?	평범한 말
LIVE/중국/ANA 여행자인 당신도 참가자입니다.	ANA가 일본과 중국을 잇는 가교가 된다! 생생한 중국의 현재 모습을 보여주며 흥미와 관심을 환기한다.	중국에 가야 알 수 있는 토막지식. 판다는'메에~'하고 울까? 등등.	재미와 사실
현실이라면 좋을 텐데.	FANTA를 고등학생의 상담사로! 고민이 많은 고등학생은 현실에서 벗어나 괴로운 일은 잊고 싶어 하지만, 그런 일은 불가능하다. 고등학생의 고민을 들어주는 브랜드로!	학교에 염소 떼가 나타나는 바람에 수업도 시험도 사라졌다? 이게 현실이라면 좋을 텐데. 아니니까 환타! NEW!	말도 안 되는 상황 IF
우유와 상담을.	우유를 좋아하게 만들기. 맛뿐만 아니라 기능과 효과도 있다는 것을 전달하기. 단, 전달할 수 있는 범위가 한정적이므로 '상담'이라는 단어에 의도를 함축한다.	역 계단에서 어떤 아저씨에게 몸이 들렸다. 뜻밖의 헹가래로 전원 골절. 양이 1,000마리, 10,001마리~	엉뚱함을 강조
어른도 아직, 한창이니까.	다양한 경험을 한 어른 세대. 이제까지 여러 곳을 여행한 이들의 공감을 얻는다. 한번 여행갔던 곳을 다시 가면 추억을 되새길 수 있다. '한번 가본 장소=다시 가지 않아도 되는 장소'의 가치를 바꾼다.	혼자 오쿠사와奥沢에 왔어요. 실은 다시 한번 함께 오고 싶었어요, 아버지.	타깃 인사이트
공장에서 일합시다.	공장 파견을 강조한다. 특히 공장 근무의 장점을 설득력 있게 묘사한다. 정해진 시간만 근무한다는 점이나 신입도 쉽게 일할 수 있다는 점, 등의 이유를 예로 들어서 관심 있는 사람들의 호감을 유도한다.	또 일하러 가네요. 계속하면 좋을 텐데. 그 일, 잘 어울려요. 혼자 키우고 있어요. 힘들지요. 이렇게 열심히 한 적이 없었어요. 이번에는 잘해보려고요.	타깃 인사이트
순간도 평생도 아름답게	아름다움을 말할 때, 사람은 아름다울 때의 그 순간을 말한다. 아름다움은 덧없다. 하지만 시세이도는 다양한 연령대의 사람들에게 아름다움을 제공한다. 순간의 아름다움이 아닌 평생의 아름다움을 함께 생각하는 것! 그 마음가짐을 표현했다.	한 사람 한 사람의 클라이맥스가 시작된다. 순간이 모여 인생이 된다면, 언제나 아름다운 순간이기를! 희로애락의 소중함을 알고 몸과 마음의 소리에 귀를 기울이면 아름답게 살 수 있습니다. 그 순간을 모을 수만 있다면, 언제까지나 아름다운 인생을 살 수 있습니다. 바로 지금, 시세이도는 현재를 살아가는 모든 여성에게 그 순간을 선물합니다. 새로운 메이크업 브랜드 마끼아쥬 탄생.	진리를 이야기하기.

[그림 3-2] 저자가 당시 작성했던 엑셀

리에이티브 부서로 이동한 직후 바로 상을 받는 일은 드물었다. 7년이나 부서 이동도 못 했던 내가 갑자기 창의적인 성과를 낸 비결은 '발상의 회로'에 있었다.

POINT

평가가 좋은 기획을 분석하고 '재미'의 기준을 찾자.

발상의 회로가 성공으로 가는 문을 연다

발상의 회로와 그 활용 방법을 알아보려면 '재미'가 무엇인지 낱낱이 살펴 모든 사람이 인정하는 기획의 비결을 찾아봐야 한다. 그 전에 '재미'의 가장 큰 적은 '예정조화豫定調和'라는 사실을 알아두어야 한다. 작사가이자 프로듀서인 아키모토 야스시秋元康는 저서《기획 뇌企画脳》에서 "뻔하고 누구나 생각할 법한 발상에서는 어떤 새로운 것도 탄생하지 않는다. 예정조화를 어떻게 잘 극복하느냐가 잘나가는 기획의 발상법이다."라고 말했다. 사람들은 예상치 못한 것에서 재미를 느낀다는 뜻이다.

당신이 본 영화나 드라마를 떠올려 보라. 전개가 예상대로 흐르면 평범하다고 느끼고 내가 예상한 것과 달랐을 때 놀라움과 흥분을 느낀다. 언제나 반전을 기대하고 있다는 것이다.

한편, 예정조화가 아니라는 의미는 '시작과 끝에 반전이 있는 것'을 말한다. 시작이나 끝 둘 중 하나를 골라 의도적으로 반전이 생기도록 설계한다. 이것이 재미를 만드는 비결, 즉 발상의 회로 근간이다.

우리가 일상에서 사용하는 말이나 콘텐츠에도 똑같이 적용할 수 있다. 성격이 유해 보이는 남성을 '초식 남성'이라고 부르거나, 깐깐해 보이지만 정이 많은 사람을 '츤데레'라고 부르는 것을 떠올리면 된다. 또 《너의 췌장을 먹고 싶어》, 《변두리 로켓》, 《미움받을 용기》, 《홈리스 중학생》 등을 들 수 있다.

큰 인기를 얻은 콘텐츠는 제목에도 반전이 있다. 인기 있는 작품을 계속 내는 사람들은 이러한 법칙을 완벽하게 이해하고 적용한다.

아이디어맨들은 '발상의 회로'도 다양한 패턴으로 가지고 있다. 언뜻 보기에는 순식간에 기획안을 떠올리는 듯 보이지만 없는 것을 바로 만들어 낼 사람은 없다. 이미 **머릿속에 수십 가지 회로를 준비하고 있다가 순식간에 그것을 조합해서 아이디어와 기획을 내는 것뿐이다.**

그 모습을 보고 '어쩜 저렇게 기획안을 바로바로 떠올리지?'라고 놀라거나 '나랑은 다르구나.'라며 의기소침해할 필요는 없다.

당신과의 차이점은 딱 하나 '발상의 회로'의 유무만 있을 뿐이다.

나는 아이디어는 센스의 문제이고 찰나의 번뜩임이라고 믿었다. 그러나 아무리 노력해도 그 번뜩임은 나에게는 찾아오지 않았다. 남들보다 많은 사례를 수집했고 덕분에 업계 내에서 광고 사례를 가장 많이 안다고 자부할 정도로 아는 것이 많았다. 그런데도 내 기획은 인정받지 못했다. 아는 건 많았지만 정작 내 머릿속에 회로가 없었기 때문이라는 걸 몰랐던 것이다.

아이디어 전구 자체에는 의미가 없다. 불이 켜지고 다른 사람을 도울 수 있는 전구가 되려면 발상의 회로가 필요하다.

아직은 회로가 없다고 고민하지 말자. 괜찮다.

이제 내가 만든 '재미를 만드는 열 가지 회로'를 소개할 차례다. 다음 페이지에서 시작된다. 그러니 당신은 이 책을 읽기만 해도 독창적인 회로를 만들 수 있다.

POINT

1. '재미'의 가장 큰 적은 예정조화이다.
2. 시작과 끝의 반전이 '재미'를 만든다.

자기만의 발상 회로에
불을 당겨라

다음은 '재미를 만드는 회로 열 가지'이다. 업계와 상관없이 '재미'를 구하기 위해 활용할 수 있다.

회로 1) : 상식을 찾는 "○○은 역시 ~이지."

회로 2) : 의문점을 찾는 "애초에 ○○은 뭘까?"

회로 3) : 극단적인 부분을 찾는 "○○의 ~를 좀 더 ~해보자."

회로 4) : 상반되는 부분을 찾는 "○○의 반대는 뭘까?"

회로 5) : 모순점을 찾는 "○○는 ~이지만 ~이기도 하지."

회로 6) : 불가능한 부분을 찾는 "○○는 절대 ~불가능하지."

회로 7) : 대상을 찾는 "○○는 원래 ~것이지."

회로 8) : 좋아하는 부분을 찾는 "나는 원래 ~가 좋지만."

회로 9) : 편견을 찾는 "○○는 흔히 ~라고 생각하지."

회로 10) : 한계점을 찾는 "○○는 한계가 있어."

예를 들어 당신은 과자 회사 직원이고, 처음으로 아이스크림 신제품 개발을 담당하게 되었다. 마감 시간이 촉박한데 당장 사내의 합의를 얻는 기획안을 작성해야 한다. 서둘러 10가지 발상의 회로를 활용해 보자.

◆ 회로 1) 상식을 찾는 "○○은 역시 ~이지."

기본 상식을 찾는 것부터 시작해야 한다.

이 상품에서 떠오르는 "○○은 역시 ~이지."라는 보편적인 이미지를 생각하자.

아이스크림은 달고 차갑고 색깔도 화려하고 값이 비싸지 않다, 남이 사주면 기쁘다 같은 이미지를 떠올릴 수 있다. 이 보편적인 이미지를 출발점으로 반전을 만드는 해결책을 찾아보자.

달콤한 이미지의 반전으로 아이스크림에 고추를 넣어보는 건 어떨까? '매운 아이스크림'은 생각보다 맛있어 보인다. 차가운 이미지에 반전을 주면 '뜨거운 아이스크림'이 된다. 아이스크림의 화려한 이미지에 반전을 준다면 흑백으로 된 포장지에 '모노크롬 아이스크림'이라고 쓸 것이다. 그러면 아이스크림에 고상한 이미지를 연출할 수 있다.

아이스크림은 저렴하다는 이미지의 반전으로 고급 식재료나 독특한 제조법으로 만든 '100만 엔짜리 아이스크림'을 내면 사람들의 호기심을 자극할 수 있지 않을까? 또한 받았을 때 기분이 좋은 아이스크림 대신 '받으면 실망하는 아이스크림'이라면 오히려 흥미가 생기지 않을까?

이처럼 회로는 기획을 만들 때 출발점이 된다.

어떤 제품이든 "○○은 역시 ~이지."에 들어맞는 말을 생각해 보자.

◆ 회로 2) 의문점을 찾는 "애초에 ○○은 뭘까?"

두 번째는 의문점을 찾는 것이다.

"애초에 ○○은 뭘까?"라는 의문을 가져보자.

"애초에 아이스크림은 언제부터 있던 걸까?" 여기에서부터 조사하면, 일본인과 아이스크림의 만남은 에도 시대 말기로 거슬러 올라간다. 기록에는 견미사절단이 배 안에서 처음으로 만찬에 나온 아이스크림을 보고 놀랐다고 되어 있다. 이후 《야나가와 일기柳川日記》에는 '신기한 음식이 다 있다. 얼음을 가지각색으로 물들여

하바네로가 들어간
데스 아이스크림

마시는 핫 아이스크림

모노크롬 아이스크림

금가루가 듬뿍!
100만엔 아이스크림

받으면 기분이 별로인
똥 모양 초콜릿 아이스크림

[그림 3-3]

모양을 낸 것이 나왔다. 맛이 매우 달고 입에 넣자마자 녹아 없어지는데, 아주 맛이 좋았다. 이를 아이스크림이라고 부른다고 한다.'라고 되어 있다. 궁금증에서 시작해 여기까지 조사했더니 어쩐지 이 '아이스크림'을 먹어보고 싶지 않은가?

이렇게 그 당시 아이스크림을 재현하고 숨겨진 이야기도 즐기는 순간 '일본인이 처음으로 먹었던 아이스크림あいすくりん'이라는 기획이 나온다.

질문과 의문은 언제나 뇌를 움직이게 한다.

[그림 3-4]

[그림 3-5]

◆ 회로 3) 극단적인 부분을 찾는 "○○의 ~를 좀 더 ~해보자."

세 번째로 극단적인 부분을 찾아보자.

"○○의 ~를 좀 더 ~해보면."에 적용해 지금 가지고 있는 제품의 특징을 극대화한다. 아이스크림의 차가운 특징을 좀 더 극단적으로 만들면 어떻게 될까? '정말로 혀가 붙어 떨어지지 않는 히말라야 아이스크림'이라는 기획이 탄생한다.

무슨 상품이고 어떤 서비스인지 알기 쉽도록 특징을 부각한 이미지를 떠올리면 된다. 특징이 명료하고 알기 쉬울수록 이 회로를 쉽게 활용할 수 있다.

그러나 너무 뻔하게 특징을 살리면 '누구나 다 아는' 것이 될 수 있다. 따라서 극단적으로 보일 만큼의 반전이 없으면 기획으로서 성공하기 어렵다.

◆ 회로 4) 상반되는 부분을 찾는 "○○의 반대는 뭘까?"

네 번째는 상반되는 부분을 찾는 것이다.

"○○의 반대는 뭘까?"를 생각해 보자. 차가운 아이스크림의 반대는 무엇인지 그것과의 조합을 떠올려 보자. 그러면 '뜨거운 어묵에 토핑으로 올려도 맛있는 어묵 아이스크림'이라는 기획이 탄생한다. 국물을 살짝 넣어보면 의외로 맛이 괜찮을지도 모른다.

[그림 3-6]

'반대되는 것을 찾아 붙여보기'는 반전 만들기의 정석이다. "의외로 괜찮을지도?"라는 반응이 나올 정도의 '반대되는 것'을 찾는 것이 반전을 낳는 비결이다.

어느 정도의 반응을 유도하면 좋은지는 실제 다른 사례를 보면 도움이 된다. 소금 캐러멜에서 느껴지는 달콤함과 짭조름한 맛에 대한 반응, 프렌치 음식에서 보이는 아이스크림에 따뜻한 소스를 부어 먹는 디저트에서 맛볼 수 있는 뜨거움과 차가움에 대한 반응 등이 있다.

◆ 회로 5) 모순점을 찾는 "○○는 ~이지만 ~이기도 하지."

다섯 번째는 모순을 찾는 것이다.

"○○는 ~이지만 ~이기도 하지."라며 그 대상에 숨은 양면성이나 장단점 그리고 전과 후를 비교해보면 모순을 발견하기 쉽다. 아이스크림은 차가우면 상쾌한 느낌을 주지만 따뜻해져서 녹으면 매우 달다는 모순이 있다. 이 모순을 활용해 보면 '차갑게/녹여서 두 가지의 맛을 즐길 수 있다! 시간 차이로 맛이 변하는 아이스크림'이라는 기획이 탄생한다.

모순은 원래 두 가지 반대되는 요소가 같은 대상에 들어있다. 따라서 모순 그 자체도 반전이므로 이를 활용하는 방향으로 생각하면 기획이 된다.

◆ **회로 6) 불가능한 부분을 찾는 "○○는 절대 ~불가능하지."**

여섯 번째는 불가능을 찾는 것이다.

"○○는 절대 ~불가능하지."라며 할 수 없는 것부터 생각해 보자. 아이스크림은 절대로 상온에서 보존할 수 없다는 한계가 있다. 이 상식에서 벗어나면 '상온에서도 맛있는 젤리 아이스크림'이라는 기획이 탄생한다. 절대 불가능해 보이는 것을 뒤집으면, 나중에 상품화가 잘 되었을 때 오히려 원래의 이미지를 활용해 알기 쉬운 반전을 만들 수 있다.

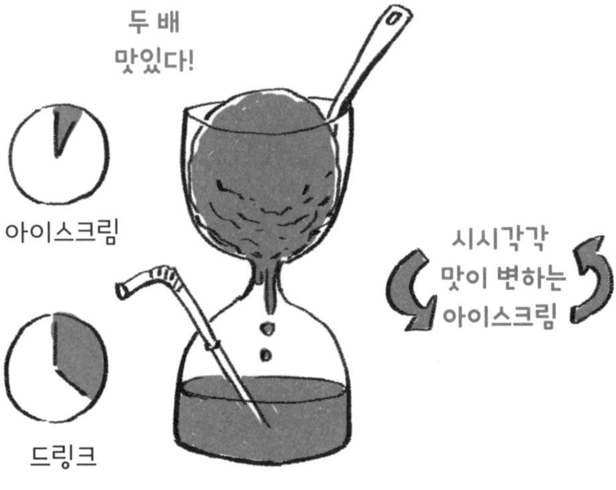

[그림 3-7]

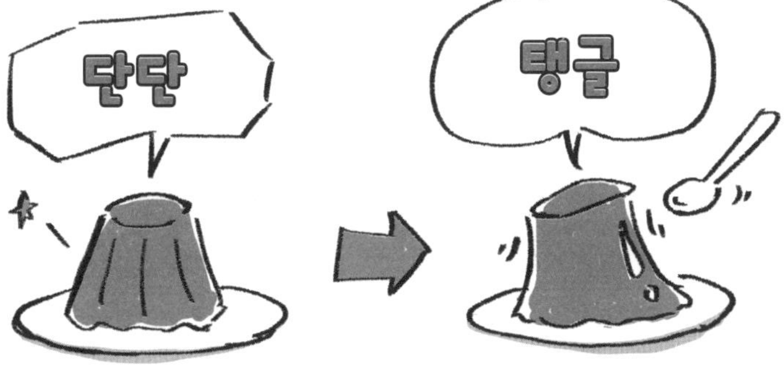

상온에서도 맛있는 젤리 아이스크림

[그림 3-8]

◆ 회로 7) 대상을 찾는 "○○는 원래 ~것이지."

일곱 번째는 대상을 찾는 것이다.

"○○는 원래 ~것이지."라며 평소 누가 사용하는 물건인지 상상하고 거기서부터 확장해 의외성을 만드는 방법이다. 마케팅 용어로 바꾸어 '타깃'을 확장하는 사고방식이다. "아이스크림은 원래 아이들이 좋아하는 것이지."라며 '아이들'이라는 대상을 발견했다면, 이제 '술에 딱! 성인 한정 아이스크림'이라는 기획이 탄생한다.

이어서 아이스크림은 사람이 먹는 음식이라는 부분까지 확장

[그림 3-9]

하면 '강아지도 먹고 싶은 강아지용 아이스크림'이라는 기획이 탄생한다.

우유병=아기, 노인 간호용 우유병, 넥타이=남성, 여성용 넥타이 등 '이 상품은 이 타깃'이라는 이미지가 강할수록 이 회로의 이용 효과가 좋다.

◆ 회로 8) 좋아하는 부분을 찾는 "나는 원래 ~가 좋지만."

여덟 번째는 좋아하는 것을 찾는 것이다.

"나는 원래 ~가 좋지만."이라며 눈앞의 문제에 멋대로 자신의 취향을 접목한다. 전혀 관련 없어 보이지만 자기 취향이라는 이유만으로 한번 대입해 보면 의외로 재미있는 조합이 탄생한다.

“나는 원래 아이스크림보다 오하기(일본 전통 디저트)를 좋아하지만.”이라는 사람이 있다면 ‘아이스크림을 팥소로 감싼 오하기 아이스크림’이 탄생한다. “나는 원래 단맛보다 매운맛을 좋아하지만.”이라는 사람이라면 ‘혀가 얼얼할 정도로 매운 시치미七味(일본의 달콤매콤한 조미료) 아이스크림’이 탄생한다.

이 회로는 개인의 취향에 많이 좌우되므로 주제와의 조합 운에 따라서 달라진다.

[그림 3-10]

한번 시도해 보고 별로라면 빨리 다른 회로를 활용하자.

◆ 회로 9) 편견을 찾는 "○○는 흔히 ~라고 생각하지."

아홉 번째는 편견을 찾는 것이다.

"○○는 흔히 ~라고 생각하지."라는 아주 보편적인 이미지로부터 출발한다.

아이스크림은 몸에 나쁘고 쉽게 살이 찐다고 믿는 편견에 대한 반전을 만들어 보자. '식물섬유가 듬뿍 채소 아이스크림', '먹으면 불끈불끈 프로틴 아이스크림'이라는 기획이 탄생한다.

이는 '회로 1'의 상식과 비슷해 보이지만 상식은 일반적으로 모든 사람이 알고 있는 사실이고, 편견은 사람이 가진 한쪽으로 치우친 이미지이다. 때때로 상식과 편견은 인과 관계인 경우가 종종 있다.

예를 들어 "아이스크림은 달다."라는 상식이 "아이스크림은 몸에 나쁠 것 같다."라는 편견을 낳는다.

비슷한 것을 하나로 정리하는 건 쉽지만 출발을 달리하면 반전을 낳는 방법도 달라진다.

CORN ICE
옥수수 아이스크림
식물 섬유가 듬뿍
ICE
당근 아이스크림
먹으면 불끈 불끈
PROTEIN ICE
프로틴 아이스크림

[그림 3-11]

◆ 회로 10) 한계점을 찾는 "○○는 한계가 있어."

열 번째는 한계를 찾는 것이다.

"○○는 한계가 있어."라는 한계점에서 출발해 보자.

아이스크림은 냉장고에서 꺼내 들고 걷는 동안 시간의 구애를 받는다. 이때 '녹아도 맛있는 마시는 아이스크림'이라는 기획이 탄생한다. 제약이 있다는 말은 '어려운 상태'가 존재한다는 것을 의미한다. 그러므로 연구할 부분이 많다는 뜻이기도 하다.

이처럼 기획 대상물의 회로를 바꾸는 것만으로도 즉석에서 기획을 여러 개 만들 수 있다. 해결책을 여러 개 준비하면 기획 결과물도 다양해진다.

회로를 많이 알아둘수록 기획도 많이 만들 수 있다. 이 열 가지 회로를 꼭 시험해 보길 바란다. 당신이 기획하는 상품에 딱 들어맞는 기획을 만들 수 있다.

기획 회의에 들어가면 결정적인 기획안은 없고 회의는 지지부진하다. 팔짱을 끼고 생각에 잠기기도 하고 기획에 도움이 되려나 해서 컴퓨터로 찾아보지만 답이 없다. 회의가 답답하고 진도는 더디고 아무 생각도 나지 않는다.

[그림 3-12]

이럴 때 이 열 가지 회로를 시험해 보면, 나처럼 머리가 굳어버린 팀원에게도 전기가 흐를 것이다.

POINT

회로가 많으면 아이디어 전구도 그만큼 자주 빛난다.

4장

발상의
회로를
만들어라

재미를 주는 포인트를 찾아라

사람들이 느끼는 '재미'에는 어떤 법칙이 있다. 그 법칙을 역산한 '회로'를 머릿속에 설치하면 모든 사람에게 재미를 주는 기획을 만들 수 있다.

자신만의 회로를 효율적으로 구축하려면 심사위원의 심사 기준과 합의 형성을 거쳐 평가받은 수상 작품을 최고의 재료로 활용해야 한다. 그저 훑어보지만 말고 반드시 스스로 리스트를 만들어야 한다. 심사위원과 심사 기준은 매해 달라지므로 리스트를 만들 때 그해에 입상한 순위대로 정리할 것을 추천한다. 방송 업계라면 갤럭시 상Galaxy Award이나 일본 민간 방송연맹상, 개그 부문이라면 만자이 M-1, 콩트는 킹 오브 콩트, 해외 광고상으로는 칸 라이언즈The Cannes Lions International Festival of Creativity, 클리오어워즈Clio

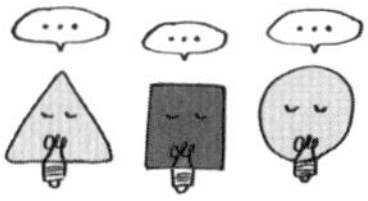

Awards, 런던국제광고제London International Awards, 아시아권 광고는 스파이크스 아시아SPIKES ASIA, 애드페스트ADFEST가 유명하다.

수상 작품은 각 광고상의 사이트에서도 시기별로 볼 수 있다. 이를 정리해 둔 사이트도 몇 곳 있다. adforum(https://www.adforum.com/awards)은 어워드별로 정리해 수상 작품 중심으로 보기에 좋고, Ads of the World(https://www.adsoftheworld.com/)는 올림픽이나 크리스마스 등 시즌이나 이벤트별로 선별하여 전 세계의 광고를 소개하고 있다. 일본 내의 상으로는 ACC나 TCC, GOOD DESIGN AWARD를 보면 좋다.

만약 당신이 회로를 만들고 싶은 영역에서 수상한 것이 없다면 상품 판매 순위라도 좋다. 대회가 따로 없는 영역의 리스트를 만들 때도 판매 순위를 참조하자. 상품의 품목별로 판매 순위를 검색하면 연간 순위 인터넷 기사가 뜬다. 회로 만들기가 목적이라면 우선 검색으로 순위를 몇 개 찾고 그것을 토대로 작성할 것을 추천한다.

리스트를 만드는 구체적인 방법은 이후 자세히 소개하겠다.

POINT

내가 속한 업계의 수상작이나 매상 순위를 리스트로 만든다.

남들과 달라야 살아남는다

개성 넘치는 회로는 다른 사람과 경쟁에서 돋보인다. 광고 기획 업무는 기본적으로 고객 맞춤형이다. 예산과 오더가 있고 여기에 맞춰 기획을 세우는 형태인데 새로운 문제에 맞는 새로운 해결법을 찾는 것이다. 항상 무에서 유를 창조하는 것을 미덕으로 여기는 문화나 분위기가 있다. 이전 것과 비슷한 게 아니라 새롭거나 창조적 변화를 시도하는 기획을 선호한다.

전문가라면 기획의 단계에서 처음부터 어느 정도 본인만의 회로를 만들어 둔다. 아이디어나 기획을 갑자기 짜야 할 때도 빠르게 좋은 품질로 완성할 수 있기 때문이다. 이는 전문가로서 아주 중요한 부분으로 그들이 기획에서 성사될 확률이 높은 것과 이어진다. 그들은 매번 기획을 세울 때마다 '배선' 단계, 즉 처음부터 만든다면 필요 이상으로 시간이 든다는 것, 배선에서 얽히기도 한다는 것을 너무 잘 알고 있다. 그러기에 자기만의 발상의 회로를 가지고 기획 속도도 높이고 내용도 훨씬 알차게 이끌어간다.

지금부터 당신만의 독창적인 발상의 회로를 만들어 보자. 설명만으로는 부족한 부분이 있으니 편의점에 진열된 아이스크림을 대상으로 구체적인 예를 들겠다.

1) 포맷 만들기

먼저 엑셀로 구체적인 포맷을 만들어 보자.

엑셀을 열고 가장 왼쪽 위에 있는 셀에 '타이틀'이라고 쓰자. 그리고 순서대로 '문제점', '아이디어', '발상의 회로'라고 차례로 적는다. 이렇게 하면 사전 준비 끝이다.

2) 상품·기획 명 정리

'타이틀' 아래에 수상 리스트의 기획 명이나 상품명을 상위 순위, 또는 판매 순위로 위에서부터 차례로 정리하자. 10~15개 정도 정리가 되면 자신만의 회로를 5개 정도 만들 수 있다.

	타이틀	문제점	아이디어	발상의 회로
1	쿨리쉬			
2	소우(爽)			
3	유키미 다이후쿠			

[그림 4-1] 포맷 만들기

	타이틀	문제점	아이디어	발상의 회로
1	쿨리쉬	바닐라 아이스크림은 걸으면서 먹기 어렵다	마시는 아이스크림	
2	소우(爽)	바닐라 아이스크림은 여름에 먹기에는 꾸덕꾸덕하다	얼음과 아이스크림을 함께 먹어 시원하다	
3	유키미 다이후쿠	아이스크림은 여름에만 먹고 싶다	'만주'와 비슷한 모양으로 겨울에 고타츠와 어울린다	

[그림 4-2] 포맷 만들기

3) '문제점'과 '아이디어' 작성

각 타이틀에 대한 **'문제점'과 이를 해결할 '아이디어'를 써보자. '문제점'은 그 상품·기획이 무엇을 해결하려고 만든 것인지, 왜 기획되었는지 아는 것으로 'WHY'에 해당하는 부분**이다. 그리고 **'아이디어'는 문제점에 대한 상품·기획이 제공하는 가치**이다. 이는 문제점을 아이디어의 힘으로 어떻게 밝게 빛나게 할 수 있을지, **어떻게 해결하면 좋을지 'HOW'에 해당하는 부분**이다.

광고상은 수상 작품을 발표할 때 프레젠테이션 영상이나 보드를 활용해 WHY와 HOW를 해설하기도 한다. 심사위원의 코멘트나 상품 개발 비화가 담긴 기사나 인터뷰 등도 참고하자. 문제점이나 아이디어를 쓸 때 도움이 된다.

이런 자료가 없다면 자기 나름대로 문제점과 아이디어를 상상해 작성해 보자. 이 프로세스는 '정답'을 내는 것이 목적이 아니다. 스스로 문제점과 아이디어가 무엇인지 생각하고 다음 단계에서 활용할 패턴을 찾는 것이 중요하다. 우선은 작업 진행에 초점을 맞추자.

4) 패턴 추출

이제 '발상의 회로'의 예를 살펴보자. '문제점'과 '아이디어'를 비교해 **"이것은 다시 말하면, ○○라는 거네요."**라며, ○○에 들

	타이틀	문제점	아이디어	발상의 회로
1	쿨리쉬	바닐라 아이스크림은 걸으면서 먹기 어렵다	마시는 아이스크림	먹는 방법을 바꾼다
2	소우(爽)	바닐라 아이스크림은 여름에 먹기에는 꾸덕꾸덕하다	얼음과 아이스크림을 함께 먹어 시원하다	다른 식재료로 식감을 낸다
3	유키미 다이후쿠	아이스크림은 여름에만 먹고 싶다	'만주'와 비슷한 모양으로 겨울에 고타츠와 어울린다	다른 모티브를 빌린다

[그림 4-3] 포맷 만들기

어갈 말을 정의해서 '기획 패턴 명'을 붙인다. 이는 **"문제점을 해결하기 위해 기획에 어떤 반전을 주었나?"**를 생각하는 것이다. 이것이 당신이 직접 만들고 활용할 '회로'가 된다.

회로를 만들 때 추상도와 구체성의 균형에 주의해야 한다. 회로가 너무 구체적이면 재현성이 떨어져 활용할 때 도움이 되지 않는다. 회로의 추상도는 스스로 정리한 다른 사례에 대입했을 때도 활용할 수 있을 정도로 만들어야 한다. 그래야만 자신이 기획할 때도 쓸 수 있는 회로가 된다.

추상도를 결정할 때 주의할 포인트는 **첫째, 한마디로 정리할**

	타이틀	문제점	아이디어	발상의 회로
1	쿨리쉬	바닐라 아이스크림은 걸으면서 먹기 어렵다	마시는 아이스크림	먹는 방법을 바꾼다
2	소우(爽)	바닐라 아이스크림은 여름에 먹기에는 꾸덕꾸덕하다	얼음과 아이스크림을 함께 먹어 시원하다	다른 식재료로 식감을 낸다
3	유키미 다이후쿠	아이스크림은 여름에만 먹고 싶다	'만주'와 비슷한 모양으로 겨울에 고타츠와 어울린다	다른 모티브를 빌린다
4	아이스박스	아이스크림은 너무 달다	산뜻한 얼음으로 바꾸자	다른 모티브를 빌린다
5	초코모나카 점보	바닐라 아이스크림은 걸으면서 먹기 어렵다	판초코 형태로 디자인해서 속을 감싼다	다른 모티브를 빌린다
6	피노	아이스크림은 혼자서 즐기는 음식이다	작게 나누어 함께 먹을 수 있다	먹는 방법을 바꾼다
7	빠삐코	아이스크림은 혼자서 다 먹기엔 너무 많다	두 개로 나눌 수 있는 패키지	패키지를 바꾼다
8	아이스노미	아이스크림은 혼자 다 먹기엔 너무 크다	한입 크기로 손으로 집어 먹을 수 있는 아이스크림	다른 모티브를 빌린다

[그림 4-4] 포맷 만들기

수 있어야 한다. 둘째, 다른 영역에서도 성립할 수 있어야 한다. 셋째, 내가 기억할 만한 것이어야 한다. 이 세 가지 포인트를 잘 정리하면 활용하기 쉬운 회로가 된다.

회로 이름을 몇 개 정리했다면, 비슷한 회로는 같은 색으로 구분해 분류하자. 그러면 실제 기획할 때 회로별로 볼 수 있어 편리하다.

POINT

발상의 회로를 만드는 비결

1. 한마디로 정리하기
2. 다른 영역에서도 성립할 것
3. 내가 기억할 만한 것

먼저 방향을 잡아야 돌진할 수 있다

앞에서 만든 표가 다음에 있는 독창적인 회로이다. 리스트를 만들 때 '발상의 회로'는 가장 오른쪽 열에 있지만 실제로 기획할 때는 '문제점'과 '아이디어' 사이에 들어간다. 눈앞의 어려운 상황을 해결하기 위해 현재 나에게 있는 몇 개의 회로를 순서대로 대입하면 빛나는 아이디어를 추출할 수 있다.

회로는 아이디어를 도출하는 데 필요한 힌트이자, 문제점과 아이디어를 잇는 다리이다. 이 회로를 몇 개 가지고 있으면 문제가 발생했을 때 여러 아이디어로 활용할 수 있다.

이번에는 발상의 회로를 활용해 아이스크림 신제품을 기획해 보자. 먼저 앞서 살펴본 독창적인 회로를 다시 보자.

[그림 4-5] 회로를 활용해서 새로운 아이스크림을 기획한다

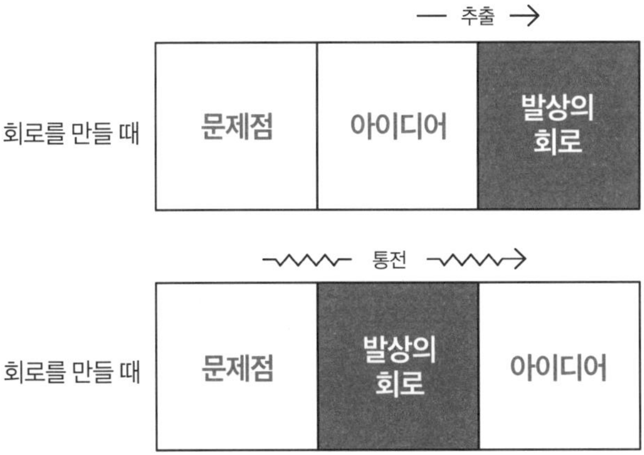

[그림 4-6] '문제점'에 대한 회로를 활용하자

"먹는 방법을 바꾼다."

"다른 식재료로 식감을 낸다."

"다른 모티브를 빌린다."

"패키지를 바꾼다."

먹는 방법을 바꾸거나 다른 모티브를 빌리면 당장이라도 새로운 아이스크림을 만들 수 있을 것 같다. 기획하면서 이 정도의 착각은 어느 정도 필요하다.

먼저, 아이스크림의 문제점이 무엇인지 생각해 보자.

"아이스크림은 밖에서 먹으면 녹아서 손이 더러워진다."에 초점을 맞추고, 앞서 만든 회로의 "먹는 방법을 바꾼다."를 활용해 보자. 그러면 "손을 써서 먹는 것이 아니라 나이프와 포크로 먹는다."라는 반전이 떠오르고 '집에서 나이프와 포크로 먹는 고급 아이스크림'이라는 기획이 탄생한다.

집에 있는 시간이 늘어난 요즘 시대에 딱 맞아 수요가 확보된다. 더구나 레스토랑 코스 요리의 마지막에 나오는 디저트와 비슷한 이미지이다. 숟가락 대신에 나이프와 포크로 즐기는 설정으로 가면 '여기가 레스토랑 코스 시리즈'라고 네이밍할 수 있어 매력적이다.

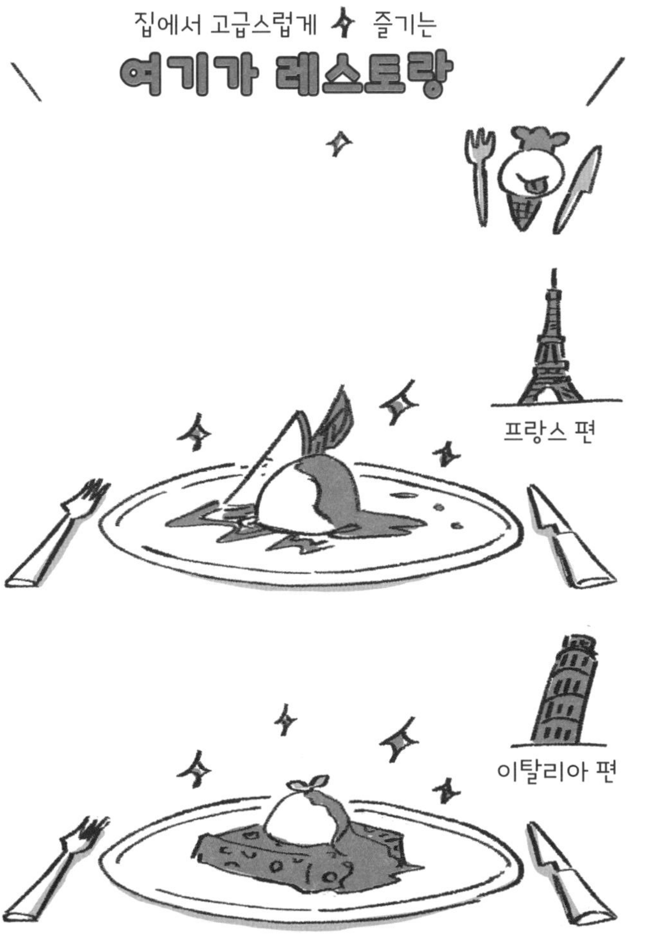

[그림 4-7]

시즌별로 이탈리아 요리, 프랑스 요리 등 주제를 바꿔 진행할 수 있지만, 그러면 끝이 안 보이니 이 정도에서 끝내자. 이처럼 회로가 있으면 기획을 떠올릴 때마다 하나의 방향으로 활용할 수 있다.

광고 업계에서는 '디렉션Direction'이라는 말을 많이 사용하는데 기획의 방향이나 각도를 나타낸다. 회로를 토대로 디렉션을 정하면 무턱대고 아이디어를 생각하던 시간을 많이 단축할 수 있다.

POINT

발상의 회로를 활용하여 기획의 방향성을 정하자.

회로가 막힌 아이디어를 뚫어준다

지금까지는 아이디어나 기획을 만들 때 어디에서부터 생각하고 어떻게 회로를 활용해야 하는지 설명했다. 이제부터는 관점을 바꿔 생각해 보자. 만약 당신이 아이디어를 내라고 의뢰하는 위치라면 회로를 어떻게 활용해야 할지 생각해 보자.

회로는 기획을 만드는 사람과 아직 기획을 만들지 못한 사람의 공통언어이다. 이 회로는 우리의 아이디어가 어디에서 막혔는지 알려준다.

신입 플래너는 "좋은 아이디어이지만 기획으로 부족하네."라는 말을 자주 듣는다. 이 말에 그들은 "그럼 어떻게 하면 될까요?"라고 질문한다.

그럴 때 선배인 당신은 후배 신입 플래너에게 어떤 조언을 해 줄 수 있을까? "조금 더 생각해 보게."라는 말은 너무 성의 없다. "마음껏 생각하세요."라고 하면 골인 지점을 모르는 채 달리라는 것과 다르지 않다. 끝도 없이 운동장을 달리게 하는 무책임한 지시를 내릴지, 아니면 기획 방침을 정하고 출구 방향을 알려줄지 선택해야 한다. 이에 따라 후배의 시간 활용이 달라진다.

이때 **기획을 만들 수 있는 사람은 아직 그 단계에 이르지 못한 사람의 답답한 심정을 모른다**는 문제가 발생한다. 본인이 어떻게 기획을 세우게 되었는지 잊었거나 아니면 경험으로 자연스럽게 익힌 것이어서 말로 전할 수 없는 것이다.

그러나 **회로를 토대로 대화하면 후배가 어떤 문제에 봉착해 있는지, 아이디어는 좋지만 왜 기획으로 살릴 수 없는지를 논의할 수 있다.**

1) 정체 중인 아이디어

"좋은 아이디어를 기획으로 살리지 못한다."라는 말은 아이디어에 독창성은 있지만 이를 실현해도 아무도 좋아하지 않는 기획을 말한다. 아이디어를 내는 단계에서 잘 풀리지 않을 때는 아이디어 자체보다 아이디어를 낼 때 조건 설정이 제대로 되지 않았을 가능성이 크다.

아이디어는 마음껏 생각할 수 있다. 그러나 생각의 폭을 설정하지 않으면 막상 기획을 진행할 때 생각한 것과 완전히 다른 결과가 나오기도 한다.

이 단계에서 막혔다면 '꼭 생각해야 하는 것'과 '실제로 생각한 것'의 차이가 있을 것이다. 이럴 때는 먼저 '무엇을 생각해야 하는가?'로 돌아가는 것이 좋다. 문제를 정리하며 어려운 현재 상황과 그 상황을 만든 원인 그리고 이상적인 상황이 잘 맞는지 검토해 보는 것이다.

연구의 '4K 사고 맵'에 맞춰 **현재 상황에서 아이디어가 4K 중 개선안·해결안·해소안·회피안인지 정리해 보자.** 그리고 생각해

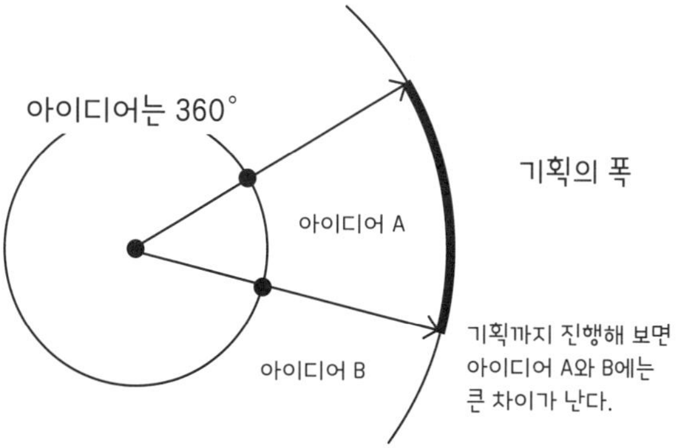

[그림 4-8] 아이디어의 각도, 기획의 폭

야 하는 방향과 부합하는지를 확인하면 된다.

실제로 광고나 상품 개발을 요구하는 쪽에서는 '좋지 않은 결과를 해결할 것', 즉 해결안을 요구한다. 떨어진 기획안은 대개 해결보다는 개선과 해소, 회피의 방법을 제안한 아이디어이다. **해결안이 필요한데 개선안·해소안·회피안을 제시해 기획이 통과되지 못한 것**이다.

문제 정리는 모든 기획의 토대이다. 잘 정리해야 아이디어를 좋은 기획으로 이끌 수 있다.

아이디어 정체 상태 체크 리스트

①연구의 '4K 사고 맵'을 준비한다.

②어려운 현재 상황, 원인, 이상적인 상태를 충족했는가?

③도출한 아이디어가 개선안·해결안·해소안·회피안 중 어느 것인가?

④추구하는 방향성과 잘 맞는가?

2) 정체 중인 기획

기획의 성립 여부를 판단하는 기준에는 '반전이 있고 재미있는지' 아니면 '누군가의 욕망을 실현했는지' 두 가지가 있다.

이 두 가지 기준을 토대로 기획을 세워보자.

먼저 '반전이 있고 재미있는 기획'이 아니라면 반전은 어떻게 만들까? 이때, 반드시 앞서 소개한 회로 1부터 10까지 활용해 보자. 예를 들어 후배가 '초콜릿 아이스크림'이라는 밋밋한 신제품 기획을 가져왔다고 하자. "달콤함의 반대는 매운맛이니까 고추를 넣은 '신辛 초콜릿 아이스크림'은 어떨까?"처럼 회로를 활용하면 일단은 반전 있는 기획을 만들 수 있다.

이어 "누군가의 욕망을 실현했는가?"를 체크하자. 구체적으로는 대상이 누구이고 그들의 욕구를 만족시켰는지, 누구에게 도움이 되는지를 토론하면 누군가의 욕망을 실현한다는 포인트를 공략할 수 있다.

아이디어를 생각하는 단계는 주관적이어도 상관없다. 하지만 기획을 만들 때는 철저하게 타인의 시선으로 검증해야 한다. 앞서 예시로 든 헤어 왁스 기획 회의를 다시 떠올려 보자. 좋은 기획은 '핸드크림도 되는 헤어 왁스'였고, 탈락한 기획은 '먹을 수 있는 헤어 왁스'였다.

전자는 헤어 왁스라는 상품의 반전 외에도 손에 남은 헤어 왁스로 손의 보습도 유지할 수 있다는 욕망을 실현한 기획이었다. 후자는 헤어 왁스라는 상품의 반전이 있어 아이디어는 재미있지만 헤어 왁스를 먹고 싶은 사람이 있을까라는 관점에서 탈락이었다.

이번엔 탈락한 기획안을 좋은 기획으로 바꿔보자. 반전은 이미 있으므로 이 아이디어가 어떤 니즈를 만족시킬 수 있을지 생각하자. 그러면 헤어 왁스를 먹고 싶은 사람은 없지만, 먹을 수 있을 만큼 안전한 재료로 만든 헤어 왁스를 사용하고 싶다는 욕망이 있는 사람이 있을 것이다. 이러한 아이디어가 떠오르는 순간 '먹을 수 있을 정도로 품질과 재료에 신경 쓴 무첨가 헤어 왁스'라는 기획으로 바뀐다. 먹을 수 있는 아이디어라는 건 변함없지만 '현실성 있는 욕망'을 정리하는 것만으로도 아이디어 전구에 불이 들어오게 할 수 있다.

POINT

1. 반전이 있고 재미있는 기획→회로 1부터 10을 활용한다.
2. 누군가의 욕망을 실현하는 기획→ 어떤 니즈를 만족시킬 것인지 생각한다.

발상 체질로 전환하는 공식

5장

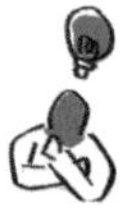

센스를 닦고 조이고 기름칠하라

'발상력發想力'의 '힘力'은 '능력'이 아닌 '자세'이다. **풍부한 발상력을 갖는 유일한 방법은 발상력을 풍부하게 유지하려고 노력하는 것이다.** 이 자세만으로 우리를 앞으로 나아가게 한다.

'상태'이면서 '자세'인 발상력은 '발상 체질'이라는 표현이 더 맞는 듯하다. 운동이나 식생활 등 평소의 습관으로 체질을 개선할 수 있는 것처럼 우리의 발상 체질도 바꿀 수 있다. 발상력을 죽이는 가장 큰 원인은 '아무 생각도 떠오르지 않는다.'라고 스스로 믿는 것이다. 이 생각이 당신의 머리에 제동을 건다. 그럴수록 뇌의 엔진을 작동시키려고 의도적으로 발상의 자세를 취해야 당신의 뇌가 움직인다.

혹시 "그래도 연구하려면 어느 정도 센스가 필요하지 않나요?"

라고 묻고 싶은 사람이 있을 것이다. 또는 "뭐야, 결국에는 센스가 있어야 한다는 뜻이잖아?"라고 반문하는 사람도 있다. 그러나 모두 참아주길 바란다. 센스는 기를 수 있는 것이고, '발상의 회로'는 기획을 세우는 것뿐만 아니라 센스를 기르는 과정이기 때문이다.

쿠마몬을 만든 아트 디렉터 미즈노 마나부水野学는 저서 《센스의 재발견》에서 '센스란 수치화할 수 없는 사상을 최적화하는 것' 그리고 '지식을 토대로 예측하는 것'이라고 했다. 패션 분야에서도 '센스 있는 스타일'은 수치화할 수 없다. 그러나 과거 컬렉션이나 패션의 전체적인 흐름을 공부하면 앞으로 어떤 아이템이나 스타일이 유행할 것인지 예측할 수 있다.

센스를 갈고닦는다는 말은 결국 과거를 배우는 일이다. 누구나 신입 시절에는 부족한 부분이 많다. 이 점을 인정하고 의식하면서 일해야 한다. 시간이 흐르면서 많은 것을 배우면 자연스럽게 센스도 좋아진다.

하지만 그 과정에서 자기 능력의 한계를 깨닫는다. "나쁜 편은 아니지만 그렇다고 자랑할 만큼은 아니다."라고 스스로 느끼며 센스를 기르려 노력하다가 발전하지 못하는 자신의 능력 수준을 깨닫고 실망한다. 많은 사람이 이 벽에 부딪혀 자기에게 "나는 센스가 없는 사람이야."라고 스스로 낙인을 찍는다.

광고대리점에 입사하고 얼마 지나지 않아 크리에이티브 테스트에 '불합격'했을 당시 내게 '센스 없는 사람'이라는 꼬리표가 붙어 다니는 것 같았다. 그러나 이제 와 생각해 보니 그 당시에는 '아직' 센스가 부족할 수밖에 없었고, 센스를 기르는 노력도 부족했다.

이제 막 입사한 신입이니 경험 부족으로 센스가 없는 것도 당연했다. 덕분에 그 상황을 빨리 모면하고자 아이디어 내기와 기획을 만드는 방법을 연구했다. 그리고 그것을 시스템화하려면 어떻게 해야 하는지 끊임없이 고민했다. 그렇게 해서 센스는 끊임없는 노력으로 향상될 수 있다는 사실을 배웠다.

센스는 노력할수록 빛이 난다. 이제부터는 센스를 기르는 데 무엇이 필요하고, 나는 어떻게 연구 방법을 축적했는지 설명하려고 한다.

POINT

센스는 누구나 노력하면 좋아진다.

새로운 것을 일부러 찾기

오늘날은 참신함을 오래 유지하기 어려운 시대이다. 매일매일 새로운 정보가 나오니까 오히려 늘 새로워지지 않는 게 이상하다. 내가 이렇게 주장하는 이유는 기술의 진화로 나에게 '맞는' 것을 추천받지만, 나에게 '맞지 않는' 것을 배제하는 시스템이 매일 강화되고 있다고 보기 때문이다.

손에 쥔 스마트폰은 자신에게 꼭 들어맞는 맞춤형 정보로 되어 있다. 알고리즘으로 추천되는 상품은 자신이 원하는 상품들로 가득하다. 넷플릭스에서는 영화나 드라마의 타이틀마다 10~15개 섬네일(표지 영상)이 과거 시청 동향 데이터에서 맞춰 나오도록 설정되어 있다. 그로 인해 우리는 취향에 쫓기는 신세가 되었다.

요컨대 앞으로는 더욱 **'내가 아직 좋아하지 않는 것'을 만나는**

일이 어려워질 것이다. 좋아하는 것만을 소비하는 생활은 편리하고 재미있다. 나에게 익숙하고 좋은 것, 나에게 어울릴 법한 것만이 자동으로 제공되니 지나칠 수 없다. 그러나 이 중에서 얼마나 새로운 것을 발견할 수 있을까?

주체적이고 적극적으로 참신함을 유지하려 노력해야 무의식적으로 자신이 좋아하는 것에 매몰되는 상황을 피할 수 있다. 취향이 아닌 '다른 것'을 평소 생활에서 어떻게 수용해야 하는지, 새로운 발견을 할 수 있는 상황을 일부러라도 만들어 연구해야 한다.

이에 내가 실천한 방법 중 효과가 있는 세 가지를 소개하겠다.

1) 다양한 커뮤니티에 상황과 역할을 바꿔 참여하기

우리는 같은 장소와 상황에 있으면 여러 가지로 고정화된다. 가족, 동료, 친구 같은 존재는 나와 가까운 성향의 사람으로 구성된다. 인간관계를 비롯해 얻는 정보와 요구되는 역할도 고정적이라 필요한 기술도 한정된다. 그러면 딱히 노력하지 않아도 그 역할을 쉽게 할 수 있다.

이때 추천하는 방법은 **다양한 커뮤니티에 들어가 다른 역할과 상황을 경험하는 것**이다. 그러면 얻는 정보와 기술도 크게 달라진다. 내 경우 크리에이티브 디렉터라는 일 외에도 부끄러움 연구가로 집필 활동을 하며 온라인 살롱 치부恥部를 운영한다. 평소에 만날 일이 없는 다른 직종 또는 다른 세대와 매달 교류하는 것만으로도 많은 것을 발견할 수 있다. 최근에는 대학생이 주축인 스마트폰만으로 영상을 촬영하고 편집하는 동영상 모임에도 들어갔다. 영상 분야의 프로인 나보다 오히려 대학생들이 스마트폰 하나로 100배나 재미있는 영상을 만든다. 매번 그들에게서 많은 것을 배운다. 이렇게 새로운 면을 늘려가다 보면 나를 발전시킬 수 있다.

2) 친구에게 추천받기

개인 맞춤형 추천은 스마트폰에서 얻는 정보로도 충분하다. 그러므로 당신의 취향을 신경 쓰지 않고 추천하는 사람을 찾아보자. 영화를 좋아하는 사람, 음악을 좋아하는 사람, 만화를 좋아하는 사람, 패션을 좋아하는 사람 등 한 분야를 잘 아는 사람을 정보소스로 알아두면 새로운 나를 찾는 데 도움이 된다.

나는 다른 사람에게 추천받은 책이나 만화를 반드시 꼭 사는 편이다. 그렇게 하지 않으면 잊어버리기 때문이다. 눈앞에서 자기가 추천한 것을 사면 알려준 사람도 기분이 좋다. 그러면 또 새로운 것을 추천해 준다. 이렇듯 타인이 소개한 것은 내가 고르지 않는 것과 만날 좋은 기회이다.

3) 나를 표현하기

인풋만 해서는 큰 의미가 없다. **아웃풋이 없으면 인풋은 없는 것과 마찬가지다.** 매일 마주하는 수많은 정보는 샤워 물줄기처럼 당신의 뇌에서 그냥 흘러간다. 아웃풋을 해야 비로소 머릿속이 정리되고 다른 정보와 통합되어 체계화된다. 이 과정을 거쳐야 정보가 내 안에 자리 잡는다.

아웃풋 하는 방법은 무엇이든 상관없지만, 트위터에 글을 쓰는 방법을 추천하고 싶다. 메모도 할 수 있고 기록용으로도 활용할 수 있다. 나는 매일 아침 30분 정도 온라인 영어 회화를 수강하고 있다. 전 세계의 사람과 그날 아침 대화하며 새롭게 알게 된 것을 트위터에 올린다. 팔로워 수는 상관없다. 나 자신을 위해 글을 쓰자.

POINT

다양한 것이 자동으로 추천되는 세상이다. 그러므로 더 주체적으로 자신의 참신함을 유지하려고 노력해야 한다.

아이디어는 표현하지 않으면 망상으로 끝난다

내 아이디어를 사랑해야 한다. 아이디어를 내는 게 어렵기 때문에 그만큼 소중히 여겨야 한다. 소중히 여긴다는 말은 다른 사람이 훔쳐 가지 않도록 머릿속에 숨기라는 의미가 아니다. **아이디어를 '내 것'으로 만들려면 아이디어를 세상에 내놓아야 한다.** 밖으로 드러낸다는 의미는 당신의 아이디어가 이 세상에 존재한 것을 증명하는 일이다. 아이디어를 세상에 실현하지 않으면 망상으로 끝난다.

아이디어 그 자체에는 가치가 없다. 아이디어는 개인의 생각이지만 **실행해야만 가치가 생긴다.** "아이디어를 실현한다."라는 말은 아이디어를 성공시키겠다는 의미가 아니다.

'연구의 4K'를 활용하여 생각나는 것을 전부 해보자. 대체로 시작은 어렵다. 그러나 안심하자. 잘되지 않아도 괜찮다. 왜냐하면 실패 그 자체가 다음 연구의 기회이기 때문이다. **세상에 내놓는 아이디어는 완성형이 아니어도 괜찮다.** '생각'에서 출발하여 점점 다양한 형태로 바뀌어 간다. 처음에는 구체적이지 않지만, 실현하겠다는 마음을 먹으면 필연적으로 점점 형태를 갖추기 시작한다. 아이디어는 어디까지나 시작이다. 생각한 것을 '아이디어가 숙성될 때까지'라는 식으로 미루면 결국 머릿속에서 머물다 끝난다.

우리가 떠올린 생각은 이미 누군가도 생각하고 있는 것이다. 그러므로 서두르는 것이 좋다. 조금이라도 더 빨리 세상에 내놓는 사람이 그 아이디어의 소유권을 갖는다.

POINT

직접 해본 것만이 생각했다는 것을 증명하는 유일한 길이다.

나를 막는 '부끄러움'과 마주하기

아이디어를 실행할 때 방해하는 것은 무엇인가?

아이디어를 만드는 센스일까?

아이디어를 설명하는 프레젠테이션 능력일까?

아이디어를 실현하는 경제력일까?

정답은 내 안에 숨은 '부끄러움'이다.

우리는 누군가에게 보여주기에는 자신의 아이디어가 아직 부족하다고 느낀다. 나 또한 다르지 않다. **스스로 '하지 못하는 이유'를 능숙하게 나열하는데 대부분 부끄러움이 원인이다.**

부끄러움은 이상적인 자신과 현실의 차이 때문에 생긴다. 이상이 높으면 높을수록 현실과 비교해 부끄러움이 커지게 마련이다.

그런데 여기에는 엄청난 덫이 숨어있다. **좋은 아이디어를 만들고 싶은 사람일수록 그것을 실현하려 할 때, 심리적으로 부담감을 느낀다.** 자신이 지향하는 기준이 높을수록 그 기준에 미치지 못하면 '쓸모없는 것'이라고 생각한다. 그 상태를 남에게 드러내는 것에 민망해한다. 아직 멀었다거나 준비가 부족하다는 생각으로 자신을 움직이지 못하게 만드는 것이다.

그렇다면 어떻게 벽처럼 단단한 부끄러움을 극복해야 할까?

이제부터는 부끄러움을 마주하는 방법을 바꾸어 보자. **지금 부끄러움을 느낀다면 그것은 새로운 것에 도전했다는 증거다. 그로 인해 기회가 생겼다는 증거이다.**

'쓸데없는 아이디어라고 하지는 않을까?'

'형편없는 아이디어 때문에 바보가 되는 건 아닐까?'

이런 엉뚱한 생각은 오히려 공포심을 부추긴다.

수많은 이노베이션을 일으킨 애플의 스티브 잡스는 스탠퍼드 대학 졸업식에서 "STAY HUNGRY, STAY FOOLISH."라고 말했다. 'STAY FOOLISH'는 직역하면 "바보가 되어라."라는 말이다. 나는 "남들이 보기에 바보 같은 짓을 해라."라고 해석한다.

엉뚱한 아이디어는 남들이 하지 않으니 오히려 큰 기회가 될 수 있다. **길을 잃었을 때, 역으로 부끄러운 방법을 선택**하는 자세는 시작을 두려워하는 당신의 등을 밀어줄 것이다.

부끄러움은 꽤 깊이 있는 주제이다. 이를 자세히 알고 싶은 분은 부디 내 졸작인 《창피하지만, 일단 해봅니다》를 읽어보길 바란다. '도전'에 대한 심리적인 부담감이 분명 줄어들 것이다.

POINT

엉뚱한 아이디어에는 기회가 숨어있다.

'하지만 외계인', '뭐든지 좋아요 외계인', '왜요 외계인'과 사귀는 방법

이 지구에는 세 종류의 외계인이 있다. '하지만 외계인', '뭐든지 좋아요 외계인', '왜요 외계인'이다. 이들은 당신이 아이디어를 실현하려 할 때 그 모습을 드러낸다. 그렇다면 이 셋 중 가장 가깝게 지내야 할 외계인은 누구일까?

1) 하지만 외계인

이 외계인은 당신의 아이디어에 "하지만…."이라며 토를 단다. "하지만 예전에 비슷한 아이디어가 있었어.", "하지만 이렇게 하면 별로야."라며 위험하다느니 하지 않는 편이 좋다느니 이유를 늘어놓으며 당신의 의욕을 빼앗는다.

그러나 안심해도 좋다. **이 외계인은 본인에게도 "하지만…."이**

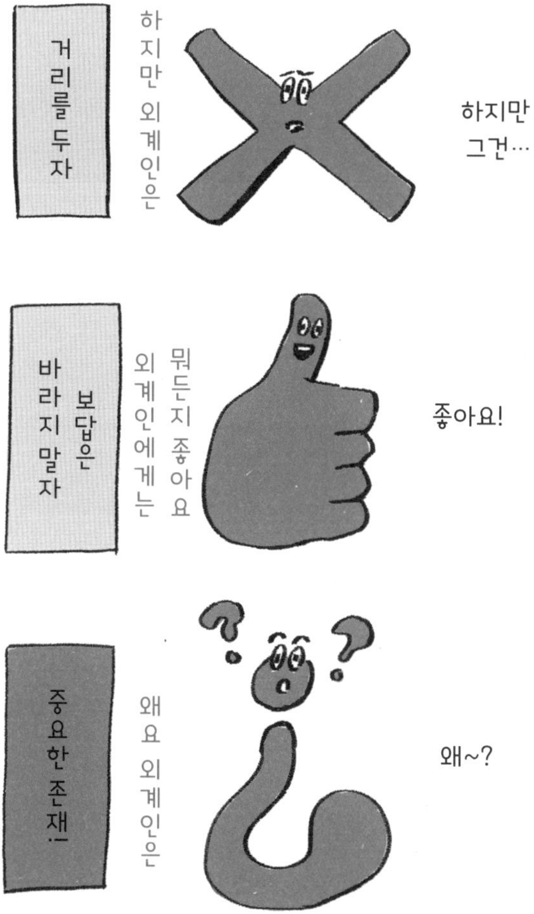
거리를 두자
하지만 외계인은
하지만 그건…
보답은 바라지 말자
뭐든지 좋아요
외계인에게는
좋아요!
중요한 존재!
왜요 외계인은
왜~?

[그림 5-1]

라며 변명하는 타입이다. 또한 행동으로 옮기는 당신을 부러워하고 질투하는 감정이 있다. 그러니 가능한 한 거리를 두자. 아니면 아이디어를 공유하지 말고 적당한 관계만 유지하는 게 좋다. 이 외계인에게는 당신의 중요한 아이디어를 말해도 도움이 되지 않는다.

2) 뭐든지 좋아요 외계인

이 외계인은 당신의 아이디어를 듣고 "좋아요!"라고 말하며 부추긴다. 하지만 과도한 기대는 금물이다. 언뜻 보기에는 그들이 응원하는 듯 보이지만, 당신을 위해서 무언가 해주지는 않는다. 좋다고 말만 할 뿐 대부분은 당신을 위해 움직이지 않는다.

좋아요 외계인과는 거리를 두지 않아도 괜찮지만, 그렇다고 무언가를 바라서도 안 된다. 상대방에게 너무 기대하면 '결국 나를 응원한 게 아니었어.'라며 실망하게 된다. 그러므로 언제나 **'하는 것도 나, 그만두는 것도 나'라는 인식으로 스스로 책임지는 것이 중요하다.**

3) 왜요 외계

이 외계인은 무슨 일이든 "왜요?"라고 묻는다. 만나면 순간 기가 눌리고 조금은 귀찮을 것이다. 계속 반대하고 있는 것처럼 들리기 때문이다. '왜?'라는 질문을 계속 받으면 누구라도 스트레스를 받는다. 하지만 **셋 중 가장 가깝게 지내야 하는 외계인이다.**

언뜻 보기에 반대하는 듯이 보이는 이 외계인의 질문에 대답하는 건 의미 있는 일이다. **질문은 흥미가 없으면 나올 수 없다.** 적어도 당신의 아이디어에 흥미를 갖고 있다는 증거다. 질문은 언제나 당신의 생각을 깊게 만들어 준다. WHY를 생각하는 일은 언제나 스트레스다. 그래서 혼자서는 그 누구도 나서지 않는다.

질문하는 쪽도 귀찮은 건 마찬가지다. 적당히 좋다고 말하며 끝낼 수 있는데도 일부러 질문하는 것이다. 그러니 이렇게 생각할 시간을 주는 왜요 외계인을 가까이하자. 그리고 **당신도 지인들에게 이러한 외계인이 되어야 한다.**

다시 강조하지만 무조건 "하지만…."이나 무조건 "좋아요." 같은 말은 당신에게 도움이 되지 않는다. 끊임없는 질문이 생각을 발전시킬 계기를 준다.

POINT

WHY를 생각할 수 있는 '왜요? 외계인'을 가까이하자.

“무언가 합시다.”라는 말에 담긴 수동적인 자세

아이디어를 실현할 때 “재미있는 걸 함께합시다.”라며 다가오는 사람이 있다. **“무언가 합시다.”라고 말하는 사람은 기본적으로 무시해야 한다.** 안타깝지만 대부분은 시간 낭비일 때가 많기 때문이다.

나도 이런 사람을 1년에 몇 명 만나는데, 이때 내가 하는 행동은 두 가지다. “저도 하고 싶어요.”라며 그 자리에서 이야기를 끝내든가 아니면 곧바로 구체적으로 제안하고 다음 날 워드로 정리한 간단한 기획서를 보낸다. 이렇게 하지 않으면 절대로 실현할 수 없다.

“무언가 재미있는 일을 같이하자.”라고 말하는 사람은 적극적으로 보이지만 실제로는 소극적인 사람일 때가 많다. ‘무언가’라고 말하는 시점에는 **"무언가 제안해 주세요."라는 뜻이 담겨있기 때문이다. 즉, 소극적으로 참여하겠다는 것이며 자신은 시키는 일만 하겠다는 의미이기도 하다.** 지금까지 경험상 이러한 사람과 프로젝트를 진행해서 잘 진행된 적이 없었다.

둘 다 주체 의식이 부족하기 때문이다. 나는 상대방에게 무언가를 하자는 제안을 받고 시작했다. 상대방도 마찬가지다. 비록 먼저 제안하기는 했지만 나를 의지하겠다는 생각이 크게 작용했다. 그러기에 이 구조에서는 둘 다 '자기 일'로 만들기 어렵다.

"무언가 재미있는 것을 합시다."라는 제안이 나쁘다는 말이 아니다. 둘 다 수동적인 자세이면 아무리 좋은 아이디어도 잘 살릴 수 없다는 것이다.

그러므로 당신도 "무언가 재미있는 것을 합시다."라는 두루뭉술한 말을 해서는 안 된다. 어쩌면 이 말은 프로젝트를 실패로 만드는 저주의 말일지 모른다. 모처럼 생긴 인연과 인맥을 쓸모없게 만드는 말이다.

상대와 무언가 함께해보고 싶다면 자신이 먼저 구체적으로 제안해야 한다. 누군가를 만날 때는 상대방의 귀중한 시간을 쓰고 있다는 점을 잊어서는 안 된다. 유효한 시간을 할애해준다는 사실에 감사하며 상대방을 구체적으로 움직이게 하는 제안을 하자.

상대방이 그 이상의 가치를 느낄 수 있어야 한다. 이런 의미에서 상대방에게도 매력적으로 보이는 빛나는 아이디어가 필요하다.

사람은 자신이 하고 싶은 프로젝트일 때 적극적이다. 자신이 하고 싶은 일이어야 유통 방향이나 이해관계가 확실한 일과는 달리 자신의 힘으로 해결하고자 하는 의욕이 생긴다. 따라서 아이디어는 스스로 생각해야 한다. 아이디어를 생각한 당신이야말로 그 생각을 실현할 수 있는 사람이다.

POINT

아이디어를 생각한 사람이 그 아이디어를 실현해야 할 사람이다.

어려운 상황이야말로 '아이디어의 보물 창고'

지금 하는 일이 잘 풀리지 않는다고 비관하지 말자. 잘 풀리지 않을 때 아이디어가 넘치는 법이다. '잘 풀린다'라는 의미는 '어떤 일이 좋은 결과를 맺는 것, 정체하지 않고 나아가는 것'이다. 그리고 '막힘이 없다'라는 것은 '잘 흘러간다'라는 의미이다.

어려운 상황이 있다는 것은 연구할 여지가 많다는 것이기도 하다. 실제로 광고 업계에서 플래너나 크리에이터들은 현재 잘나가는 상품이나 브랜드의 광고를 가장 어려워한다. 새로운 아이디어를 요구하지 않기 때문이다. 무언가에 좋은 결과가 나오면 안심하고 현재 상황의 흐름을 유지하고 변화를 쉽게 받아들이지 않으려는 경향이 있는 것이다. 현재 상황이 괜찮으면 변화를 추구하지 않는다. 그러나 '추구하지 않는 것'과 '필요 없는 것'은 다르다.

일이 항상 잘 되리라는 보장이 없기 때문이다. 잘 풀리지 않는 순간을 내다본 연구는 당장은 필요 없어 보인다. 하지만 언젠가 필요한 때가 온다.

잘 풀리지 않는 상황에서 최고의 콘텐츠가 나온다. 내가 이 책을 쓰는 것도 잘 풀리지 않았기 때문이다. 처음부터 아이디어가 술술 나왔다거나 기획을 자유자재로 만들었다면 지금처럼 아이디어나 기획일을 진지하게 고민하지 않았을 것이다. 잘나가는 사람은 일 자체로 바쁘기에 다른 것에 큰 관심이 없다.

달콤한 연애 드라마나 열혈 스포츠 드라마의 주인공들은 대부분 우여곡절이 많다. 그래서 사람들은 질리지 않고 계속 보는 것이다.

어려운 상황에는 많은 힌트가 있게 마련이다. 여기에서 축적된 경험은 당신의 큰 자산이다.

그러니 지금 상황이 어렵다고 해도 비관하지 말자.

POINT

어려운 상황은 최고의 콘텐츠가 된다.

한 가지 일에 매몰되지 말기

나는 한 가지 일만 고집하지 않는다. 양질의 상품을 만들려면 하나에 집중해야 할 것 같지만 발상력을 키우는 방법은 정반대이다. 그 이유는 크게 두 가지다.

하나는 대부분의 일은 쉽게 풀리지 않기 때문이다.

한 가지에 시간을 전부 투자하고 심혈을 기울이면 실패했을 때 그만큼 정신적인 충격이 크다. 한 가지 일에 투자했다가 잘못되면 그에 비례해서 자책하는 마음도 커지는 것이다. 게다가 프로젝트 하나가 중지되면 '아무것도 하지 않는 기간'이 발생하고 의욕을 다시 끌어올리려면 상당한 에너지가 들어간다.

이때 가장 좋은 방법은 하고 싶은 프로젝트를 적어도 세 개 정도 병행하는 것이다. 이 중 하나가 실패해도 아직 두 개의 프로젝트가 남아있으므로 의욕을 유지할 수 있다. 이 프로젝트가 실패하면 다른 프로젝트를 열심히 해야겠다는 마음이 자연스럽게 생긴다. 다른 하나는 많은 프로젝트를 동시에 진행하면 아이디어가 끊임없이 떠올라 두뇌를 자극하기 때문이다.

아이디어나 기획을 내야 하는 대상은 달라도 활용하는 뇌는 하나이다. 뇌 하나에 각각 상관없는 요소를 동시에 가질 수 있는 것이 큰 장점이다.

제임스·W 영은 저서 《60분 만에 읽었지만 평생 당신 곁을 떠나지 않을 아이디어 생산법》에서 "기존의 요소를 새롭게 조합하는 것이 중요하다."라고 강조했다. 이 새로운 조합은 다양한 프로젝트를 동시에 했을 때 쉽게 탄생한다. 전혀 관련이 없는 정보나 문맥을 섞으면 그것이 '새로운 조합'이다. 실제로 관련이 없는 분야에서 생각한 아이디어가 다른 프로젝트의 토대가 되기도 한다.

발상력이 풍부한 상태로 유지하려면 한 가지만을 붙들고 있지 말고 다양한 프로젝트를 여분으로 진행해야 한다. 그것이 자신을 성장시켜 줄 것이다.

POINT 

다양한 프로젝트가 있어야 의욕을 유지하고 뇌도 자극할 수 있다.

싫증은 창조의 입구

시인인 다니카와 슌타로谷川俊太郎는 인터뷰에서 "당신에게 창조성이란 무엇인가?"라는 질문에 "매사에 싫증을 느끼는 힘이다." 라고 대답했다. '싫증'이 난 상태와 창조성이 무슨 상관일까?

싫증이 났다는 말은 지루하고 더는 할 것이 없는 상태이다. 가슴을 뛰게 하는 새로운 아이디어와는 반대로 정체된 상태를 가리킨다. 참신한 결과가 나오지 않으면 지루하다. 다른 말로 일이 실패했다는 뜻이다. 이렇게 지루한 상태를 좋아하는 사람은 없다.

하지만 **질릴 때까지 열심히 하다 보면 서서히 '다음에는 어떻게 하면 될까?', '다른 방법을 시험해 보면 어떻게 될까?'라는 생각이 든다.** 영국의 사회심리학자인 그레이엄 월러스Graham Wallas가

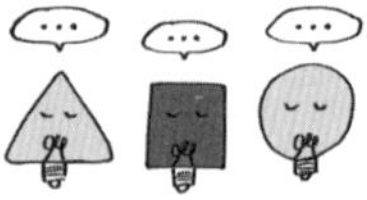

1920년에 만든 '창조성이 탄생하는 네 단계'에서 창조성이 탄생하는 사고를 ①준비기 ②배양기 ③발현기 ④검증기로 분류했다.

①준비기 : 토대가 되는 정보나 지식을 받아들인다.

②배양기 : 적극적으로 문제를 탐구한 뒤, 문제에서 한 발짝 떨어져 점검한다.

③발현기 : 아이디어가 탄생한다.

④검증기 : 아이디어의 유용성을 검증한다.

이때 ①준비기에서 ②배양기로 옮겨가는 과정에서 발생하는 것이 '싫증'의 심리상태이다. '싫증'이 난 상태를 살펴보기에 앞서 뇌의 기능을 먼저 알아보자.

이제까지 "우뇌가 창조성을 담당하고 좌뇌가 논리성을 담당한다."라는 것이 우리 사회의 일반적인 상식이었다. 그러나 최근 연구에 따르면 뇌의 좌우가 아닌 뇌의 '모드'에 따라 기능이 바뀐다고 한다. 미국의 하버드대학 뇌과학연구자 로저 비티Roger E. Beaty의

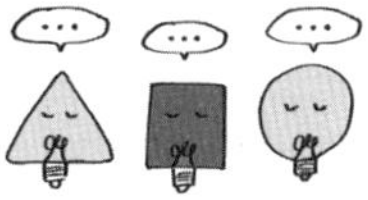

2018년 연구에 따르면 뇌에는 세 개의 네트워크가 존재하며 창조적인 사람은 이를 능숙하게 바꾼다고 한다. 그중 하나가 내정상태 회로 네트워크[Default Mode Network, DMN]인데 쉽게 말하면 멍하니 뇌가 휴식하는 상태이다. 이 모드는 자유롭게 발상하는 확산적 사고를 할 때 작동한다. 두 번째는 실행 제어 네트워크[Executive control Network, EN]로 무언가에 집중하는 상태를 말한다. 이 모드는 명확한 목표를 가진 수렴적 사고에서 작동한다. 이 두 개를 넘나드는 것이 현저성 네트워크[Salience Network, SN]이다. 즉, **창조적인 발상은 집중의 상태와 멍하게 있는 상태를 번갈아 오갈 때 뇌의 작용이 일어난다는 것이다.**

앞서 '창조성이 탄생하는 네 단계'를 다시 살펴보면 ①준비기에서는 집중하고 ②배양기에서는 잠시 거리를 두고 멍한 상태였다가 ③발현기에 들어가고 다시 ④검증기가 되면 집중한다고 했다. 따라서 이 과정들과 창조성과 깊은 관련이 있다는 것도 이해가 간다.

우리는 지금 '싫증 나기 어려운 시대'를 살고 있다. 싫증을 느끼는 순간 손에 든 스마트폰이 흥밋거리를 제공한다. 할 일이 없어지면 곧바로 스마트폰에 집중하는 게 이제 우리의 일상이다. 그로 인해 뇌가 쉴 시간이 없다.

질릴 때까지 한다거나, 싫증을 느껴보자. 싫증이 났을 때 무엇을 하면 좋을지 의식적으로 행동하는 것이 스스로 창조성을 확보하는 방법이다.

POINT

'싫증이 나기 어려운 시대'를 사는 만큼 의식적으로 싫증의 부분부터 연구를 시작하자.

내 호기심 포인트를 자극하기

아쉽게도 나의 성장은 자신만이 도울 수 있다. 백마 탄 왕자는 기다려도 오지 않는다. 그렇게 우리는 각자 인생의 길을 걷고 있다. 옆에 파트너가 있거나 아이가 있을지도 모르지만, 자신만이 앞으로 나아가는 것이다.

따라서 내가 성장하려면 스스로 등을 밀어야 한다. 영어로 'Pushing myself forward'라는 말이 있다. 스스로 자신의 마음을 들여다보라는 말인데, 흥미 분야가 무엇인지 이해하고 그것을 어떻게 해야 즐겁게 잘할 수 있을지 연구해야 한다는 의미이다. **어떤 자극을 줘야 자신이 성장하는지, 반대로 어떠한 상황에서 좌절하는지 그 원리를 이해하면 좀 더 쉽게 인생을 주체적으로 살 수 있다.**

내가 오토바이 관련 일을 할 수 있었던 건 취미로 오토바이를 탔기 때문이다. 나는 첫 오토바이로는 흔치 않게 풀 커스텀full-custom 오토바이를 주문했다. 이왕 시작하는 거 남들과 똑같은 건 타기 싫었다. 남들과 다른 것을 할 때 훨씬 재미를 느끼는 나만의 호기심 포인트를 잘 알고 있었다.

책을 쓰기로 한 이유는 젊은 시절에 일 외에 많은 일이 잘 풀리지 않아 괴로움에 빠졌을 때 '누군가 비법을 알려주면 얼마나 좋을까!'라고 생각한 적이 많았기 때문이다. 그래서 책을 쓰면서 '나와 같은 괴로움을 누군가는 겪지 않았으면 좋겠다.'라는 생각으로 달렸다.

"흥미가 없다."라고 말하는 순간 우리의 뇌는 완전히 생각을 멈춘다. 당장 눈앞의 일에 흥미를 느끼지 못하면 연구할 마음도 사라진다. 어떻게 하면 호기심을 느낄지 연구하면 생각지도 못한 길이 열린다. 자신을 격려하고 동기부여를 하려면 어떻게 해야 하는지 연구하자. 그 길이 고생스러워도 반드시 성장하는 길이다.

POINT

1. 나를 격려하는 사람은 '나'
2. 내 마음을 보듬는 사람도 '나'

'행동을 기획화'하여 습관으로 만들기

"습관을 바꾸면 인생이 바뀐다."라고 한다. 철학자 아리스토텔레스도 "사람은 습관으로 만들어진다."라고 말했다. 미국 듀크대학의 연구에 따르면 우리가 일상생활에서 하는 행동의 약 40퍼센트는 습관으로 선택하는 것이라 한다.

습관화의 중요성은 특별히 강조하지 않아도 누구나 안다. 대부분 열심히 노력하지만 습관화하지 못해 좌절한 경험도 많다. 나도 이러한 경험이 아주 많다. 처음 배운 클래식 기타는 방에서 10년 이상 먼지투성이로 방치되어 있고, 툭 튀어나온 배가 신경 쓰여서 다니기 시작했던 헬스장은 10킬로그램 정도 체중을 감량한 뒤에는 가지 않는다. 그리고 지금은 15킬로그램이나 불어났다.

이러한 내가 하루도 빠지지 않고 계속하는 것이 딱 하나 있다.

바로 '#셀카 수행'이다. 내가 "1년 동안 매일 셀카를 찍고 있습니다."라고 말하면 사람들은 깜짝 놀란다. 그중에서도 내가 제일 놀란다. 1년 이상 매일 하나의 일을 계속하는 건 내 인생에서 처음이다.

2009년 영국 런던대학의 연구에 따르면 사람이 하나의 습관을 만드는 데 평균 66일이 걸린다고 한다. 이 실험에서는 매일 물을 마시는 아주 간단한 것부터 매일 운동하기 등 다양한 행동을 습관화하는 조사를 진행했다. 그 결과 "습관화에는 최소 18일, 최대 254일이 걸리며 평균적으로 66일이 걸린다."라고 밝혔다.

내 '수행'은 66일이 지났고 이제 곧 2년이 된다. 지금까지 꾸준히 한 비결은 습관화하기 위해 나름대로 '행동을 기획화'하는 연구를 했기 때문이다. 매일 30분 운동하기처럼 "매일 ○○한다."라는 행동만 정하면 꾸준히 하지 못한다. 그래서 이 행동 이름을 붙여서 기획으로 만들었다.

행동에 이름을 붙여보면 그 행동에 대한 심리적 부담감이 줄어든다. 이름을 붙이는 행위는 주제를 정하는 것과 비슷하다. '주제 정하기'는 이 행위를 어떻게든 하게 만든다. 그리고 이름을 붙이면 남들과 공유하기 쉽다. 내가 매일 셀카를 찍는 행위에 '셀카 수행'이라는 이름을 붙인 것처럼 말이다.

예를 들어 "저는 아침 시간을 활용하려고 매일 아침 5시에 일어납니다."라는 말보다는 "저는 '미라클 모닝 5'를 실천하고 있습니다. 매일 아침 5시에 일어나서 무언가를 하는 것입니다. 나중에 함께 달리기하지 않겠습니까?"라고 기획하는 편이 남에게 권유하기 쉽다.

당신은 습관화하고 싶은 행동이 있는가? 그렇다면 그 기획에 타이틀을 붙여보기를 바란다. 기획 타이틀이라고 해서 어렵게 느끼지 말자. SNS에서 쓰는 해시태그도 상관없다.

#셀카 수행 #미라클모닝 5

별거 아닌 해시태그가 당신 인생을 바꿔 줄 습관이 된다.

POINT

습관화하고 싶은 행동에 이름을 붙이면 심리적 부담감이 줄어들고 습관화하기 쉬워진다.

‘태스크’가 아니라 ‘프로젝트’로 인식하기

업무 기술 책을 읽으면 ‘매일 아침 처리해야 할 태스크를 적어 두고 처리하기’라는 문구를 자주 볼 수 있다. 그런데 매사를 태스크로 인식하면 근시안적인 시각을 가질 위험이 있다.

태스크라는 말은 원래 컴퓨터 용어로 컴퓨터상으로 처리하는 ‘업무의 최소 단위’라는 것을 의미한다. 이후 비즈니스 업계에서도 ‘해야 할 일’이나 ‘주어진 일’이라는 의미로 사용했다. 훨씬 이전으로 거슬러 올라가면 태스크는 라틴어로 ‘세금稅’이라는 뜻의 단어였다.

이 태스크의 반대말로 ‘프로젝트’라는 단어가 있다. 그 어원은 ‘Pro(미리)+ject(던지다)’ 글자 그대로 미래를 향해 던진다는 것이다. 이를 번역하면 연구나 계획이다. 그러니까 태스크는 결정한 것을 하는 것 그리고 프로젝트는 무엇을 할 것인지 생각해서 하는 것이다.

매사를 태스크로 인식하면 필연적으로 '했다 또는 못 했다', '성공 또는 실패'라는 판단 기준으로 보게 된다. 업무의 최소 단위로 이 판단 기준을 사용하고 있기 때문이다. 반면, 모든 일을 프로젝트라고 인식하면 어떻게 될까?

프로젝트는 미래를 대비한 연구이다. 따라서 프로젝트에는 끝이 없다. 끝이 없으니 '했다 또는 못했다'와 '성공 또는 실패'도 없다. 내가 끝내지 않는 한 끝없이 할 수 있다. 그리고 프로젝트의 장점은 진행하는 동안 무엇을 해도 성립한다는 것이다. 예를 들어, 내가 하는 '부끄러움 연구'라는 프로젝트의 주요 활동 내용은 책을 집필하거나 미디어에 연재하는 것이다. 그 외에는 강연과 워크숍이 있다. 이 활동은 아이를 위한 그림책을 그린다거나 대학에서 세미나를 여는 것 또는 사회인을 위한 인재 교육용 교재를 개발하는 것 등 내가 연구하는 만큼 범위가 넓어진다. 그만큼 주체적으로 일할 수 있다.

얼마 전 트위터에서 어떤 여자분의 재미있는 이야기를 발견했다. 아이가 있는 남편과 아내의 가사 일에 관한 생각의 차이에 관한 글이었다. 남편은 가사를 태스크로 받아들이고 있지만, 아내는 프로젝트로 받아들이기에 부부의 갈등을 낳는 원인이라는 고찰이었다. 예를 들어 아이를 데리고 외출할 때 나를 포함해 많은 남편은 '기저귀 준비 OK, 갈아입을 옷도 OK, 물통 OK, 그리고 내가 할 일도 전부 OK.'라고 생각하며 할 일을 끝내면 스마트폰을 본다. 이 모습을 보고 아내는 "빨래 너는 것 좀 도와줘."라며 화를 낸다. 그런데 남편은 자기가 할 일은 다 끝냈다고 생각해 여기에 반발한다. 그렇게 말다툼이 시작되고 모처럼의 외출이 시작부터 엉망이 된다.

남편이 외출 준비를 태스크라는 근시안적인 시각으로 받아들이는 것과 달리 가사를 프로젝트로 본 아내는 외출하면 세탁물이 늘어나니까 미리 빨래를 정리해야겠다고 생각한 것이다.

매사를 프로젝트 단위로 파악하면 본인이 생각하던 '했다 또는 못했다'와 '성공 또는 실패'의 개념도 바뀐다. 그러면 훨씬 주체적으로 생활할 수 있다.

POINT

1. 태스크는 정해진 업무를 하는 것
2. 프로젝트는 무엇을 할 것인지 생각하고 하는 것

내 행동을 바꾸는 연구의 힘

6장

소소한 연구가
미래를 바꾼다

당신은 뻔한 미래와 상상하지 못한 미래 둘 중 어떤 모습을 원하는가?

'연구'는 미래를 바꾸는 힘이 있다. 과장으로 들릴지 모르지만 연구는 뻔한 미래로 가지 않도록 도와주는 힘이 있다.

상상하지 않았던 미래로 안내해 준다.

그 증거는 나의 경험이다.

내가 덴쓰 입사 후 크리에이티브 시험에 떨어졌을 때 "자네는 재능이 없어."라고 비웃는 것 같았다(남들이 직접적으로 나에게 뭐라 하지는 않았지만). 나의 '잘 풀리지 않는 현재 상황'은 여기서부터 시

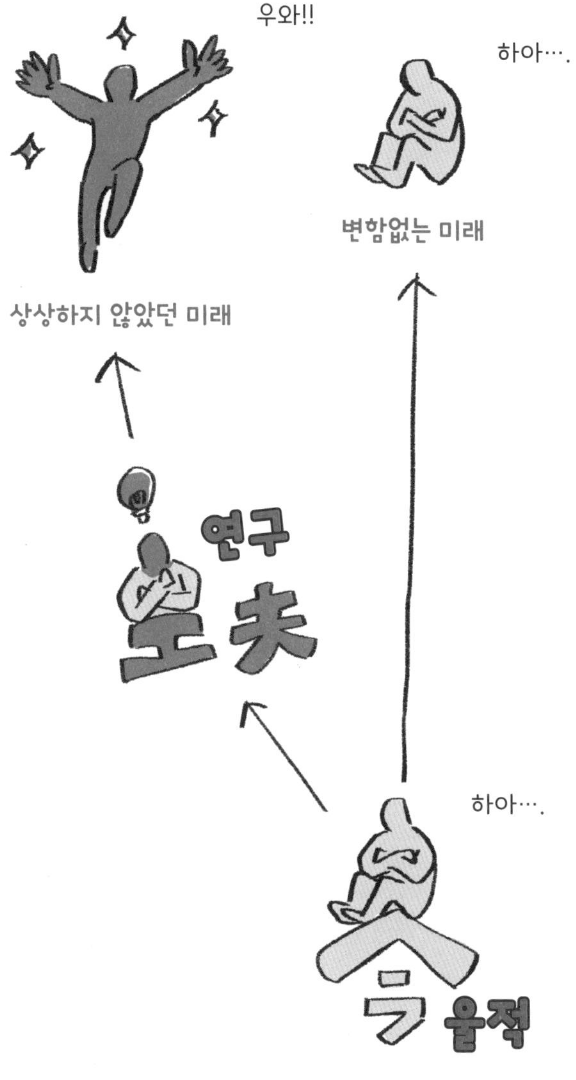

[그림 6-1]

작했다.

그 뒤, 7년이라는 시간이 흘렀고 그사이 이벤트나 디지털 캠페인을 기획 실행하는 프로모션국에서 영업 부서로 이동했다. 그런데 담당 클라이언트는 오토바이였다. 그때까지 나는 오토바이를 만져본 적도 없었다.

그렇게 하고 싶었던 기획 업무에서 점점 멀어진다는 생각에 마음을 굳게 닫았다. 영업직인데 정장을 입지 않고 출근했고, 잘나가는 크리에이티브 동기나 후배의 SNS를 차단하고 보지 않았다.

이 무렵의 모든 일을 주변의 환경 탓으로 돌렸고 남을 원망하면서 하루하루를 보냈다. 내 상황을 바꾸기 위해 스스로 무엇을 해야 하는지 생각하지 않았다. **'눈앞의 현실을 계속 외면하고 계속 변명만 하는 영업'**이라는 뻔한 미래를 향해 걸어가고 있었다. 그러다 어느 날부터 별거 아니지만, 오토바이에 관해 소소한 연구를 조금씩 시작했다. 그러자 생각지도 못했던 네 가지 부분에서 변화가 찾아왔다.

1) 소소한 연구로 즐거워진 일

처음엔 회의 시간에 듣는 오토바이 관련 전문 용어가 너무 생소했다. 그러니 회의 내용은 전혀 이해하지 못했다. 그렇게 2개월이 지난 어느 날, 어떻게 하면 지금 하는 일을 즐겁게 할 수 있을까 고심했다. 이대로 멍하니 지낼 수는 없는 일이었으니까.

나는 평소보다 빨리 퇴근해 오토바이 교습소를 찾아갔다. 나만의 소소한 연구가 시작되고 미래가 바뀌는 순간이었다.

그리고 이륜차 면허를 취득한 나는 풀 커스텀 오토바이를 샀다. 일 때문에 알게 된 오토바이는 새로운 취미가 되었다. 몇 년 뒤, 내가 오토바이를 타는 동영상이 SNS에서 500만 재생수를 기록했고 인스타그램 팔로워도 3만 명을 넘는 날이 왔다.

교습소를 다니기 전의 나는 상상할 수 없는 일이었다. 당장 하는 일을 즐기기 위해 면허를 따야겠다는 별거 아닌 연구는 이렇게 나의 미래를 바꿨다.

2) 소소한 연구 덕분에 이루어진 부서 이동

영업이 재미있어지기 시작할 무렵 나는 기획의 주체가 되는 방법을 고심했다. 그래서 시작한 것이 자주自主 프로젝트였다. 회사 내에 기획일을 잘하는 사람은 차고 넘쳤다. 영업부 소속인 내가 기획을 담당할 기회는 돌아오지 않을 게 뻔했다. 그래서 **스스로 기획을 시작해야겠다고 생각했다.**

그때 군마 기류 시에서 쌀농사를 짓던 엔도 씨를 소개받았다. 엔도 씨가 쌀농사를 하는 지역은 물이 깨끗하고 맛이 있어 맛있는 쌀로 유명했지만, 후계자가 없어서 문제였다. 농림수산청 데

이터에 따르면 농가의 평균 연령은 67세이고, 30세 이하 농가 인구는 3퍼센트도 되지 않았다.

당시 나는 쌀농사에 대해 아는 것이 없었지만, 엔도 씨에게 부탁해 도쿄에서 편도로 3시간이나 걸리는 기류에 몇 번이나 찾아가 농사일을 도왔다. 농사일은 해본 적이 없어서 신선한 경험이었다.

이후 농가 체험 기회와 맛있는 쌀을 세트로 구성해 판매를 시작했다. 이를 시작으로 농촌 취업 시스템이라는 아이디어가 탄생했다. 그렇게 현지 NPO[Non Profit Organization]와 함께 '구인 쌀농사 후계자'라는 상품을 만들었다. 쌀 포장지를 구인 광고 안내지로 활용했고, 쌀을 사면 농가 체험에 참여할 수 있도록 했다.

'구인 쌀농사 후계자'는 '굿 디자인상'을 비롯해 여러 개의 상을 받았고, 나는 그해 이 네이밍으로 카피라이터 등용문인 'TCC 신인상'도 받았다. 영칸의 일본 대표가 된 것도 같은 해였다.

소소한 연구의 시작으로 '발상의 회로'를 만들었더니 드디어 좋은 결과를 맺기 시작한 것이다. 칸의 수상 작품이나 TCC의 일년 치 카피 문구를 엑셀로 정리해 만든 나만의 회로는 이때부터 막힘없이 흘렀다.

그해 나는 회사 내 크리에이티브 테스트에 합격해 원하던 크리

[그림 6-2] 벼농사 후계자 모집 광고가 들어간 쌀포대

에이티브 부서로 옮겼고, 카피라이터 명함을 받았다. 입사한 지 8년째가 되던 날이었다.

3) 소소한 연구로 얻은 인기

이듬해 나는 다시 칸을 방문했다. 칸 광고제에서 진행한 '영 라이온즈 크리에이티브 아카데미Young Lions Creative Academy'에 참여하기 위해서였다. 이 대회는 영칸처럼 아이디어를 겨루는 공모전 형식이 아니라 스쿨 형식이었다. 전 세계에서 젊은 크리에이티브 25명이 모였다.

나는 유소년기를 이집트와 독일에서 지낸 독특한 이력이 있지만, 그 이후로는 계속 일본에서 생활했기에 현지인만큼 영어를 구사하지는 못했다. 5일이라는 짧은 기간에 나라와 언어가 다른 참여자들끼리 어떻게 하면 친해질 수 있을지 의문이었다. 그래서 **첫날 자기소개 시간에 한 '붓펜 챌린지'를 구현했다.**

"저는 일본의 카피라이터인 만큼 여러분의 이름을 한자로 바꿔 드리겠습니다."

종이에 개개인의 이름을 발음대로 붓펜으로 썼고 거기에 의미를 덧붙여 선물했다.

결과는 대호평이었다. 참여자 중에서 가장 인기 있는(자칭) 사람이 되었고, 오스트레일리아 참가자와는 이후 서로의 집에 왕래할 정도로 친해졌다.

영어를 하는 상대와 친해지기 위해 가장 좋은 수단이 일본어가 된 셈이다.

4) 소소한 연구는 상상하지 않았던 미래로 안내한다

2020년은 《창피하지만, 일단 해봅니다》를 집필할 무렵이다. 담당 편집자로부터 "나카가와 씨, 제발 미디어 활동 좀 활발히 해 주세요."라는 말을 들었다. 당시에는 광고 업무상 클라이언트인 기업이 SNS를 하면 조언하거나 업로드용 콘텐츠를 제작하기는 했었다. 하지만 "광고 업무를 하는 사람에게는 그다지 도움이 안 된다."라는 말로 대부분 거절하고 있었기 때문에 내 SNS는 모두 휴면 상태였다. 무엇을 써야 하는지 감도 잡히지 않았고 매일 올릴 만한 콘텐츠도 없었다.

하지만 편집자의 말을 들으니 고민이 생겼다. 그래서 시작한 것이 매일 내 모습을 촬영해 인스타그램에 올리는 '#셀카 수행'이었다. 이 책을 집필하는 시점에서 내 '수행'은 700일을 넘겼다.

나는 부끄러움을 이상과 현실의 차이에서 생기는 것이라 정의한다. 이 부끄러움에서 벗어나려면, 현재의 나를 받아들이는 자기 수용만이 정답이다. **매일 찍는 셀카는 어떤 모습의 나라도 보여주겠다는 의미로 최고의 자기 수용 프로세스이다.** 그리고 매일 입는 옷이야말로 매일 올릴 만한 콘텐츠라고 생각했다. 그렇게 업로드를 계속했더니 내 인스타그램 팔로워 수가 어느새 3만 명을 넘었다.

넷플릭스에서 전 세계 재생 순위 1위였던 《오징어 게임》의 속편 캐스팅 팀에게 메시지를 받고 오디션 제안을 받은 적도 있다.

인스타그램을 계기로 매거진 하우스에서 나오는 잡지 BRUTUS에 '나카가와 료의 개망신 연구소中川諒の赤恥研究所'를 연재하기 시작했다. 처음 제안받은 '미디어 활동'을 어느 정도 잘 수행했

는지 알 수 없지만, 과거에 시도한 소소한 연구 덕분에 상상하지 않았던 미래가 열린 것만은 틀림없다.

이러한 변화는 내게 뛰어난 재능이 있거나 능력이 출중해서 가능한 일이 아니었다. **그 분야에서 아주 소소한 연구를 꾸준히 했고 그것이 조금씩 쌓이면서 미래를 바꾼 것이다.** 나는 몇 년이 지난 지금에서야 이 사실을 깨달았다. 분명히 말하지만 어려운 상황에서 시작한 소소한 연구에서 새로운 미래가 시작된다.

POINT

그때그때의 아주 소소한 연구가 완전히 다른 미래를 선사한다.

연구는 쌓아 올리는 것이다

연구는 어려운 상황에서 출발한다. **어려운 상황은 꾸준히 연구하면 상상하지 못한 미래로 나아가게 된다.**

연구는 당신의 경력을 만든다. 연구는 당신 인생의 분기점을 만든다. 시작할 때는 별거 아닌 듯 보이지만 시간이 흐르면서 그 차이는 점점 벌어진다. 또한 그 연구가 당신의 가치를 만든다.

회사에서 주어진 일만 해서는 의미가 없다. 당신만의 연구가 없으면 꼭 당신이 그 일을 해야 할 필요가 없기 때문이다. 남들과 똑같은 일만 하면 누가 해도 상관없다. 아마도 당신 주변에는 '입이 가벼운 사람'이나 '무기력한 사람'이 있을 것이다. 이러한 사람이 되지 않도록 연구해야겠다고 마음먹는 것만으로도 업무의 질은 크게 달라진다.

자신이 어떻게, 어떤 연구를 하느냐에 따라 자기만의 것을 만들 수 있다. '나만의'라는 말은 최근 5년에서 10년 사이에 사회적으로 화두가 되고 있다. 하지만 얼마나 많은 사람이 '나만의'라는 말의 의미를 이해하고 있을까?

'자아 찾기'라는 말이 있다. 하지만 자아는 찾는 것이 아니라 **스스로 만드는 것이다.**

'나'라는 형태는 자기 생각과 행동으로 만들어진다. '나만의 것'은 모두 자신이 연구한 것이다. 그러므로 '나다움'을 만드는 것이 바로 당신의 연구이다.

연구하면 당신의 행동이 바뀐다. **어려운 상황을 맞이했을 때, 또는 어떻게 행동하고 선택해야 할지 모를 때 '연구의 4K' 프레임을 활용하면 도움이 될 것이다.** 업무만이 아니다. **눈앞의 문제를 해결하려 한 행동이 개선·해결·해소·회피 중 어떤 결정을 내릴 수 있는지 진지하게 고민할 수 있다.** 그 결과 행동의 선택지도 늘어날 것이다.

또한 자신의 이상에 접근하기 위해 어떤 연구 방법이 맞는지 생각한다면, 어떤 행동을 선택해야 하는지 알게 될 것이다. **연구는 단순히 아이디어를 내는 데 필요한 힘이 아니다.**

POINT

1. 연구는 당신의 경력을 만든다.
2. 연구는 당신의 가치를 만든다.
3. 연구는 당신의 행동을 바꾼다.

연구의 영역은 무한하다

노력은 한계가 있지만, 연구는 한계가 없다. 일이 잘 풀리지 않을 때마다 '노력이 부족했구나.'라고 쉽게 결론을 내린다. 하지만 **사실 부족한 건 노력이 아니라 연구다.** 누구나 노력하는 데는 한계가 있다. 시간이 될 수도 있고 능력의 문제일 수도 있다. 그러니 한계가 있는 노력에 내 모든 걸 쏟는 건 무모하다.

반면, 연구는 무한히 가능하다. 무언가를 도중에 그만두었다면 그 원인은 노력에만 너무 의지해서일 것이다. 노력과 연구를 각각 그림으로 표현하면 [그림 6-2]와 같다.

노력은 곧은 화살표이다. 인생을 등산에 비유하면 산 정상으로 가는 길에서 어떤 어려움과 고난을 만나도 곧게 직진하도록 채근

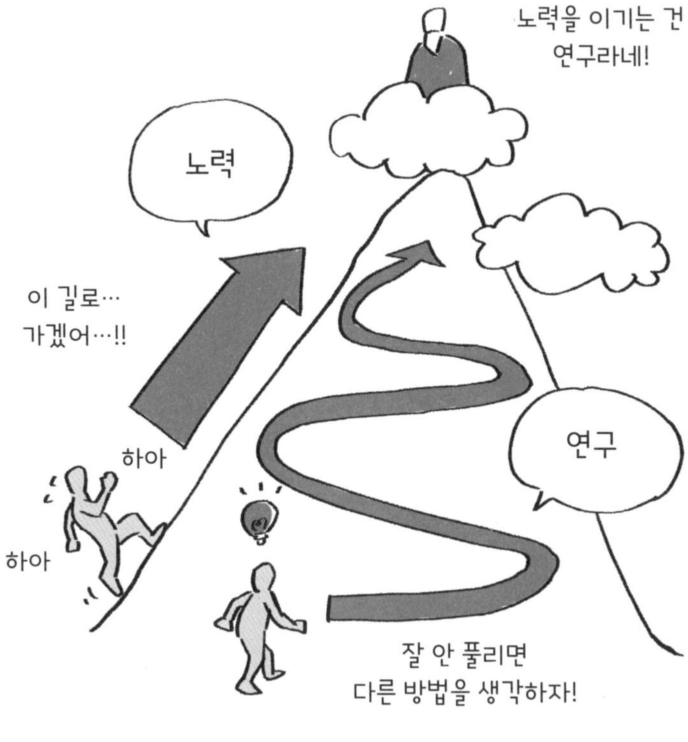

[그림 6-3]

한다. 당장 눈앞에 큰 장애물을 만난다 해도 그 장애물을 밀어서라도 앞으로 계속 가야 한다고, 정상이 멀지 않았으니 힘을 내라고 화살표가 산 정상을 가리킨다. 그러나 심리적·체력적으로 부담이다. 압박을 견디지 못하고 도중에 등산을 그만두고 하산하는 것도 당연하다. 그러고는 얼마 지나지 않아 '그때 노력이 부족했어.'라며 후회한다.

반면, 연구는 구불구불한 화살표이다. 한번 결정한 길을 갈 수 없다면, 다른 규칙을 찾아 계속 전진하는 이미지를 떠올려야 한다. 노력은 한 방향이지만, 연구는 자유자재로 어떤 방향으로도 길을 선택할 수 있다. 심지어 내려가는 듯 보이는 길을 선택해도 괜찮다. 장애물이 눈앞에 나타나도 개선·해결·해소·회피라는 네 가지 연구를 다양하게 활용하면 자신이 가기 쉬운 길을 선택할 수 있다.

비록 지나간 길은 구불구불하고 시간이 오래 걸릴 수 있지만, 결과적으로 자신만의 궤적을 발견하게 된다. 그리고 그 길의 끝에서 다른 사람은 오를 수 없는 정상에 오른다.

노력은 남들과 같은 길을 따라가기 때문에 다른 사람과 쉽게 비교된다. 자신보다 두껍고 강한 노력의 화살표를 발견하면 '졌다!'라고 생각하게 만든다. 음악이나 스포츠처럼 좋아하는 분야이지만 "나는 재능이 없어."라며 젊은 시절 꿈을 포기한 적이 있는 사람도 꽤 많을 것이다. 그 사람은 자기보다 훨씬 강한 상대와 비교하고 본인의 노력에 한계를 느꼈기 때문이다.

노력을 꾸준히 진행하는 사람은 극소수이다. 나보다 훨씬 두꺼운 화살표(많은 노력)를 가진 사람은 반드시 있게 마련이다. 노력에 한계를 느꼈다면 반드시 방향을 바꿔서 연구하기를 바란다.

항상 똑같은 방향으로 전진할 필요는 없다. 360도 어느 방향으로 전진해도 괜찮다. 이 이치를 깨닫는 순간 그곳에서 바라보는 경치도 완전히 달라질 것이다.

POINT

1. 노력은 똑같은 길을 계속 밟는 것이다.
2. 연구는 다른 길을 계속 찾는 것이다.

처음부터
훌륭한 아이디어는 없다

어떤 소소한 연구든 자신의 길을 180도로 바꿔 주는 힘이 있다. 변화의 시점에서 보면 개선이든 해결이든 해소든 회피든 모두 가치 있다. 다만, 비즈니스 업계에서는 문제 해결과 이익, 성장을 기대하는데 특히 '해결'이 중요하다.

그러나 해결만이 아이디어는 아니다. 처음에 문제에 접근할 때는 '지금 시점에서 생각하는 이상적인 상태'가 무엇인지에 집중한다. 하지만 그 상태가 5년 후에도 똑같다는 보장은 없다. 따라서 '해결이 전부다.'라고 생각하는 것은 위험하다.

해결만을 고집하다 보면 오히려 내 길이 막힌다. 해결은 시간과 금전적인 비용이 들기 때문이다. 혼자서 해결하려 하면 시간이 걸리고, 타인에게 부탁하면 돈과 비용이 든다. 해결은 돈과 시

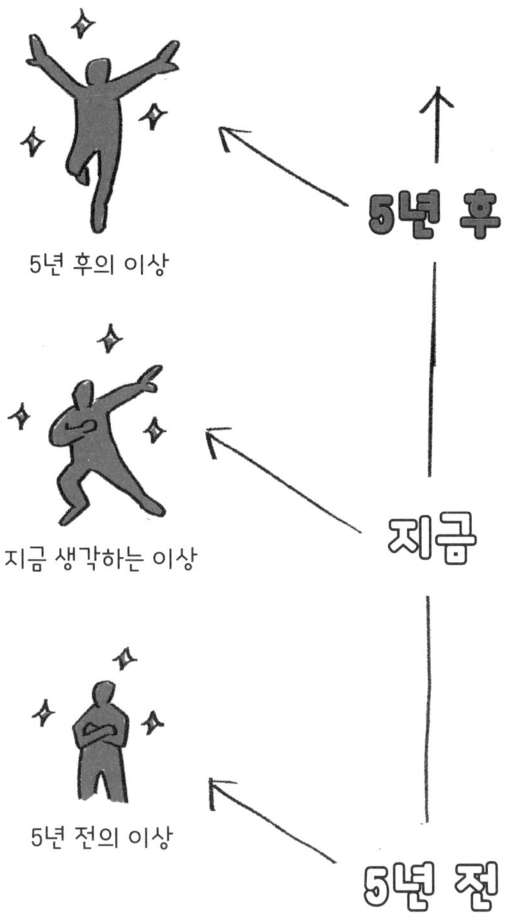

이상적인 상태는 지금 시점에서 생각하는
이상에 불과하다

[그림 6-4]

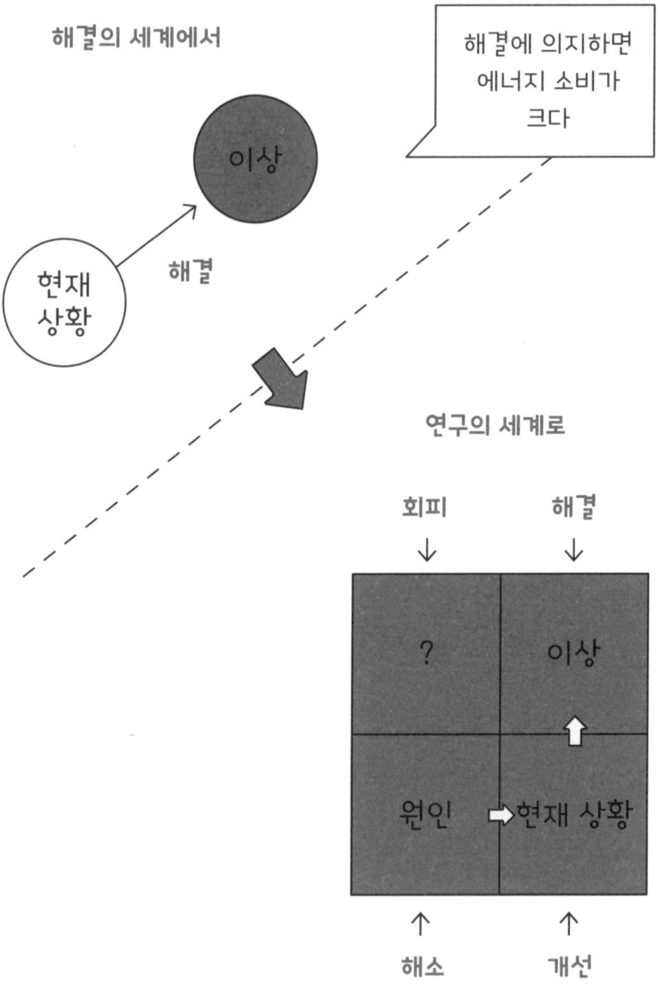

[그림 6-5] 해결의 세계에서 연구의 세계로

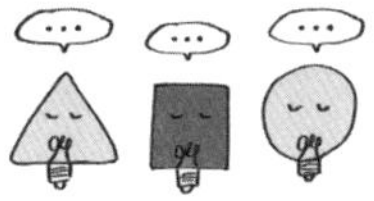

간을 어느 정도 투자할 수 있는 기업 활동이라면 괜찮지만, 개인에게는 에너지 소비량이 많은 연구이다.

해결과 달리 다른 세 가지 연구의 장점은 끝이 없다는 것이다. 특히 개선은 영원히 계속할 수 있다.

어려운 상황이라면 우선 개선부터 생각하자. 할 만큼 다 했어도 개선의 여지는 항상 남아있다. 그만큼 개선은 처음부터 마지막까지 계속할 수 있는 연구이다.

해소는 곧바로 변화가 시작된다. 어려운 상황을 그만둔다는 의미는 문제의 원인 그 자체를 배제한다는 것이다. 어려운 상황을 그만두었다고 굴복했다거나 패배한 것이 아니다. 해소는 연구 방법의 하나일 뿐이다.

회피는 잘 풀리지 않는 상황에서 벗어날 수 있다. 가던 길을 멈추고 문제를 무시하고 다른 방향으로 갈 수 있다. 아무것도 할 수 없는 상황에서 해소나 회피를 선택하면 한 걸음 내딛기 쉬워진다. 그 어떤 소소한 연구라도 자신의 인생을 바꿔 주는 훌륭한 아이디어다.

POINT

1. 해결만 고집하지 말자.
2. 개선·해소·회피도 연구다.

아이디어의 평가를 남들에게 맡기지 마라

발상력은 애초에 남이 평가할 수 없다. 애니메이션이나 게임에 나오는 '전투력'처럼 숫자로 측정할 수 없다. 절대평가나 가시화가 어려워 "이 미디어에서 칭찬했다.", "상을 받았다.", "누가 인정을 했다."와 같은 권위에 의존한다. 그래서 권위를 마치 훈장처럼 사용한다. 칸을 수상한 영화, 몽드셀렉션Monde Selection을 받은 과자, 굿 디자인상을 받은 프로덕트 등 광고나 패키지에서도 이를 쉽게 발견할 수 있다.

이러한 공신력 있는 상을 받으려면 인맥과 운이 필요하다. 여기에서 인정받기만을 기다리기만 하면 인생은 금방 끝난다. 기다린다고 아무것도 바뀌지 않는다. 발상력을 기르려면 우선 스스로 자신을 칭찬해야 한다.

자신을 믿어라. 그런데 이것이 가장 어렵다. 아무도 인정하지 않는 가능성 하나만 믿고 자신감을 계속 유지하기는 쉽지 않다. 정열의 불씨가 가슴을 감싸지 않으면 차가운 바람에 쉽게 꺼진다. 이 불씨를 지키기 위해서라도 연구를 멈추지 말아야 한다. 연구를 그만두면 자신감도 점점 떨어지고 절대 성장하지 못한다.

원하는 크리에이티브 부서에 가지 못했던 7년간 무엇이 가장 괴로웠냐고 묻는다면 "나는 기획을 잘한다."라는 자신감이 하루하루 사라지는 것이었다고 답하겠다. 주변에서 인정받지 못하면 점점 나를 믿을 수 없게 된다. 이 상황에서도 포기하지 않은 이유는 매년 하나씩 자주적으로 프로젝트를 했기 때문이다. 아이디어 공모전을 찾아 도전했고 디자인전에 출전하기도 했다.

나만의 연구를 현실로 만들기 위해 끊임없이 노력한 덕분에 자신감을 잃지 않고 여기까지 온 것이다.

POINT

1. 발상력은 남들이 평가할 수 없다.
2. 스스로 칭찬하는 것이 제일이다.

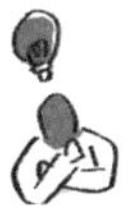

아이디어는 자신의 무형 자산이다

광고 업계 용어로 '빅아이디어'라는 말이 있다. 한 번에 멋지게 문제를 해결하는 아이디어를 가리키는 말로 매년 광고상을 받은 광고를 보면 대개 이러한 아이디어다. 이 말의 큰 공적은 쉽게 아이디어나 찰나의 번뜩임을 구사하는 것처럼 보이게 했다는 것이다. 물론 광고 업계 자체의 가치를 높이고 자극을 줬다는 점에서는 긍정적인 면도 있다.

반면 빅아이디어가 아니면 모두 '하찮은 것'으로 여기게 되어 우리를 괴롭힌다. 광고대리점의 크리에이터 일은 한마디로 아이디어를 파는 일이다.

크리에이터는 회사 밖의 전문가와 영화나 그래픽 등 최종 광고

제작물을 만드는 일을 한다. 물론 최근에는 스스로 영상 감독까지 하거나 프로그래밍을 하는 사람도 있지만 드물다.

광고 크리에이터를 한마디로 정의하면 아이디어 내기의 프로라고 할 수 있다. 이 일을 하며 먹고살았던 만큼 용기를 내서 **"아이디어는 누구나 낼 수 있다."라고 거듭 말한다.** 그런데도 아직 "아이디어가 나오지 않는다."라고 말하는 사람은 '빅아이디어'에 의존하기 때문이다. 소소한 아이디어는 애초에 버리고, 심지어 아이디어를 버리기 전에 한 번 훑어보지도 않는다.

하지만 아이디어의 가치는 크기로 정하는 것이 아니다. **아이디어 단계에서는 모든 아이디어가 소중하다.** 아이디어 전구의 크기나 형태는 상관없다. 전구의 가치가 변하는 건 그것을 밖으로 꺼냈을 때부터이다. 즉, 그 아이디어 전구는 세상을 비추는 빛을 발산하기 시작한 그 순간에 비로소 가치가 탄생한다.

아이디어가 나오지 않는다고 느껴지면 아이디어 내기가 재미없어진다. 심지어 아이디어를 내야 할 때 울렁증이 생기는 악순

환에 빠진다. 자신만 재미있는 아이디어라도 좋다. '빅'의 기준에 미치지 못하는 아이디어라고 자기 검열하지 말자. 자기 아이디어를 소중히 여기는 자세를 잊지 말아야 한다.

POINT

"아이디어가 나오지 않는다."가 아닌 자기가 기준을 정하고 그에 미치지 못하는 아이디어를 '아이디어'라고 부르지 않을 뿐이다.

연구가 당신이 원하는 미래로 데려다준다

연구는 눈앞의 당연한 것을 의심하는 힘이다. 잠시 멈추고 왜 이렇게 되었는지 또는 지금 이대로 괜찮은지 생각해 보자. 이제껏 당연하다고 믿어 온 것을 의심하는 행동이 당신을 자라나게 한다.

우리는 은연중에 타성으로 사는 생물이다. 타성은 우리가 살아남으려 얻어낸 생존 본능이다. 지금까지 하던 선택과 똑같은 것을 고르면 생존할 확률이 높다는 것을 아주 먼 옛날부터 배웠다. 그래서 우리의 뇌는 평소와 다른 일을 하면 스트레스를 받는다.

이렇게 **DNA에 새겨진 생존 본능이 우리를 그 자리에 머물게 한다.** 항상 똑같은 장소에서 똑같은 옷을 입고, 똑같은 것을 먹고 마신다. 똑같은 상황을 만들고 거기에 안주했을 때 안정감을 느끼는 이유는 환경을 바꾸면 위험하다는 것을 유전자가 조용히 알리고 있기 때문이다.

우리는 이 생존 본능에 맞서야 한다. 사람이 사냥하던 시절에는 사냥 장소를 바꾸면 짐승의 습격을 받을 위험이 있었다. 그러나 지금은 식사 장소를 바꿔도 짐승에게 공격받을 일은 없다. 미래를 개척하려면 자신의 타성에서 탈출해야 한다. 연구는 그 타성을 끊어줄 열쇠이다.

나는 창조적인 사람은 특별한 재능을 가지고 태어나는 사람이라고 생각했다. 그러고 보니 세상에 태어날 때부터 뛰어난 재능을 가진 사람이 아주 많은 것 같기도 하다. 하지만 중요한 것은 연구하는 능력이 아닌 연구를 계속하는 자세이다. 지금 하는 방법을 바꾸지 않고 현실에 안주하면 뻔한 미래뿐이다.

'창조적인 사람은 연구를 계속하는 사람'이다. 뛰어난 사람들은 문제가 생기면 다양한 방법으로 접근하고 끊임없이 연구한다. 연구가 자신의 미래 가치를 높여준다는 사실을 알기 때문이다.

POINT

1. 연구는 현재 상황을 의심하는 힘이다.
2. 연구는 미래를 바꾸는 힘이다.

epilogue

무명의 도전자 여러분, 미래에서 만납시다

이 책은 무명의 도전자를 위해 썼다. 그들이 좋은 기획을 많이 하도록 가능성을 높여주고 싶었다. 그래서 입사하고 8년 만에 기획 부서로 옮길 수 있었던 내가 좀 더 빨리 배우고 싶었던 것을 정리했다. 기획하기 어려운 영역에서는 어떻게 하면 자신만의 형태를 만들 수 있을지 그에 관한 연구 방법을 담고자 했다.

우리가 이상을 현실화하려면 우선 아이디어나 기획을 의뢰받았을 때, 프로답게 보여줄 수 있는 최소한의 확률과 비거리를 몸에 익혀야 한다. 이때 가장 빠른 방법이 바로 '발상의 회로'이다. 자신만의 회로를 만들어야 한다. **진짜 창조적인 것은 단 한 개뿐이기 때문이다.** 월트 디즈니는 전 세계에서 한 명이고, 조지 루커스도 세상에 단 한 명뿐이다.

《기생충》으로 칸 국제영화제에서 황금종려상을 받은 봉준호 감독은 수상 연설에서 존경하는 마틴 스코세이지Martin Charles Scorsese 감독의 '가장 개인적인 것이 가장 창의적인 것'이라는 말을 인용했다. 가장 창조적인 것은 다른 사람과는 다른 자신만의 개인적인 것이다. **아이디어는 개인적인 생각으로도 충분하다.**

트렌드를 좇기만 하면 트렌드를 만드는 사람이 될 수 없다.

'발상의 회로'는 AI가 기계 학습하는 것처럼 과거의 수많은 좋은 기획을 뇌에서 패턴화하는 방법이다. 매출 순위가 높은 상품이나 상을 받은 기획은 그 상을 발표하기 1년 전에 이미 발매했거나 실시한 기획이다. 상품을 기획한 타이밍은 그보다 훨씬 빠른 1~2년 전이다. 우리가 회로를 만드는 시점부터 따지면 이미 3년 전에 기획한 '좋은 기획'이라는 것을 잊지 말아야 한다.

나는 주변 사람들에게 "행동력이 있다."라는 말을 종종 듣는다. 솔직히 생각을 행동으로 옮기는 데 큰 부담은 느끼지 않는다. 궁

금한 것이 있으면 바로 질문하고, 생각난 것은 곧장 제안하는 타입이다. 이렇게 행동할 수 있는 이유는 스스로 '현재 내 상황에 만족하지 못했던 사람'이었기 때문이다. **내가 성장할 수 있었던 비결은 '잘 풀리지 않아서'였다.**

그러므로 아이디어나 기획에 어려움을 겪고 있다면 속는 셈 치고 엑셀 파일을 열자. 발상의 회로를 만드는 작업은 두 시간 정도면 누구나 가능하다. 회로를 한번 만들고 기획을 세워보면 회로 없이 기획을 만들 때와 다르다. '이해한 것'과 '실천하는 것'은 하늘과 땅 차이다.

기획하는 사람이 기획하는 방법을 책으로 쓴다는 건 조금 민망한 일이다. 콩트를 짜는 사람이 본인이 만든 콩트의 어느 부분이 재미있는지 포인트를 설명하는 것, 또는 작곡가가 본인의 노래가 멋지다고 설명할 때 느끼는 부끄러움과 비슷하다. 그래도 나는 '잘 모르겠다면 부끄러운 쪽을 선택하기'라는 원칙을 정하고 살고 있다. 덕분에 이 책도 쓴 것이다.

기획을 더 잘해보고 싶은 마음에 이 책을 읽었으나 "유익한 책을 읽었다."라고 공언하는 건 조금 어려울지 모른다. 하지만 아웃풋이 없으면 인풋은 없는 것과 마찬가지라고 생각한다. 그러니 꼭 SNS로 '#발상의회로'라는 해시태그를 붙이고 감상을 남겨주면 좋겠다. 기본적으로 모든 코멘트를 다 읽고 답을 하는 편이다. 트위터나 인스타그램의 계정은 @ryonotrio이다. 모처럼의 인연이니 친하게 지냈으면 한다.

우리는 입구가 어디이고 어디가 출구인지 알 수 없는, 그야말로 캄캄한 터널을 계속 걸어가는 기획이라는 어렵고 힘든 직업을 선택했다. 같은 터널을 걷는 젊은 동지들뿐 아니라 이 책을 읽는 당신과도 언젠가 만날 날이 오리라 믿는다. 이제 각자 자신만의 '연구'라는 타임머신을 타고 미래에서 만나자.

참고문헌

- 『コンセプトのつくりかた』玉樹真一郎 著（ダイヤモンド社）
- 『考具』加藤昌治 著（CCC メディアハウス）
- 『アイデアのつくり方』ジェームス・W・ヤング 著、竹内均 訳（CCC メディアハウス）
- 『企画脳』秋元康 著（PHP 文庫）
- 『センスは知識からはじまる』水野学 著（朝日新聞出版）
- 『思考の技法』グレアム・ウォーラス 著、松本剛史 訳（ちくま学芸文庫）
- 『習慣の力』チャールズ・デュヒッグ 著、渡会圭子 訳（講談社）
- 『コピー年鑑』東京コピーライターズクラブ 編集（宣伝会議）
- 「日本のアイスクリームの歴史 “あいすくりん”の誕生」 一般社団法人 日本アイスクリーム協会（https://www.icecream.or.jp/iceworld/history/japan/）
- adforum（https://www.adforum.com/awards）
- Ads of the world（https://www.adsoftheworld.com/）
- Mpac（https://www2.fgn.jp/mpac/）
- KSP-POS（https://www.ksp-sp.com/）

떨어지는 물방울이 돌에 구멍을 낸다. 승리의 여신은 노력을 사랑한다.
노력 없는 인생은 수치 그 자체다. 어제의 불가능이 오늘의 가능성이 되며,
전 세기의 공상이 오늘의 현실로 우리들의 눈앞에 출현하고 있다.
실로 무서운 것은 인간의 노력이다.

마르코니

비록 산의 정상에 이르지 못했다 하더라도 그 도전은 얼마나 대견한 일인가.
중도에서 넘어진다 해도 성실히 노력하는 사람들을 존경하자.
자신에게 내재한 힘을 최대한 끊임없이 도전하는 사람.
큰 목표를 설정해 놓고 부단히 노력하는 사람은 인생의 진정한 승리자다.
세네카